マンガとイラストでよくわかる

一度は考えていただきたい
相続対策

税理士
松岡 敏行

清文社

はじめに

平成26年に『マンガ 突然の相続！』（清文社）を出版したことがきっかけで、得意のマンガを使った相続セミナーが話題となり、相続対策の重要性について全国7,000人以上の前で訴えてきました。

これまで数多くの相続相談に乗ってきて―

「相続で家族が争っても構わない」「相続税で財産を失ってもいい」

とおっしゃる方は一人もいませんでした。

誰もが「相続で家族に争ってほしくない」「できるだけ相続税を少なくしたい」と願っています。

―にも関わらず、ほとんどの方は

「まだまだ元気だから」

「相続の話は億劫だから」

「何をしていいかわからないから」

といった理由で、相続について考えることすら避けているのが現実ではないでしょうか。

数多くの相続を見てきたからこそ、ここに断言します！

相続について「考える」というのは非常に大切なことです。

相続対策を「するか」「しないか」で相続は全く違うものになるのですから！

平成27年に相続税制が改正され、平成28年からはマイナンバーの利用も開始されました。相続を取り巻く環境はめまぐるしく変化し、相続をビジネスとした信託銀行や不動産業者からの提案なども急増、様々な情報が世の中に混とんとしています。
それらの中から自分にとって本当に有益な情報や信頼できるパートナーを選択するためには、自分自身が相続に関する基礎的知識を網羅し、知識武装しておく必要があります。

この本は税務調査で否認されない生前贈与などの基本的な話から、タワーマンション節税、不動産管理会社を使った節税などの留意事項や応用的な話まで、数あるテーマの中から「本当に必要で有益な情報」だけを整理し、自作のマンガやイラストを使って、できる限りわかりやすく理解できるように工夫しました。
どれもがいつか来る相続に備えて「一度は考えていただきたい相続対策」ばかりです。
この本がきっかけで相続について考えていただき、皆さまが相続対策を実行するための一助になればこれ以上の喜びはありません。

平成28年10月

相続専門税理士　**松岡　敏行**

目　次

第3章
最もシンプルな相続税節税法

第4章
相続税節税の王道！
現預金のかんたん贈与法

第5章

相続税を劇的に下げる
不動産を使った“超”節税法

第6章

所得税も相続税も節税できる
不動産管理会社を作ろう

第7章

国税庁がメス　これからどうなる？タワーマンション節税

第8章

相続税の現場から本当にあった税務調査のリアル

第9章

円満な相続を実現する家族のための信託と遺言

第10章

自分に合った相続対策で実現する上手な財産の遺し方

※本書は平成28年10月1日現在の法令等により記述しています。

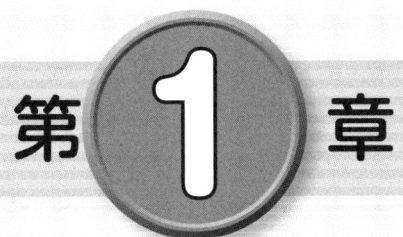

第1章

マイナンバーがやってきた！
これからどうなる私の生活!?

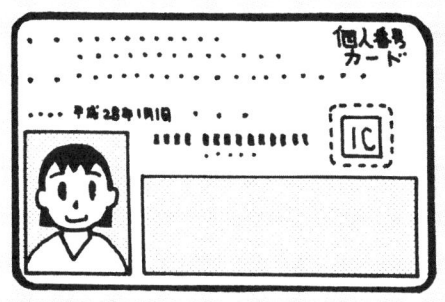

いよいよ、平成28年からマイナンバー制度が本格的にスタートしました。マイナンバー制度で、私たちの生活はどのように変わっていくのでしょうか？

1 そもそもマイナンバー制度って本当に必要なの？

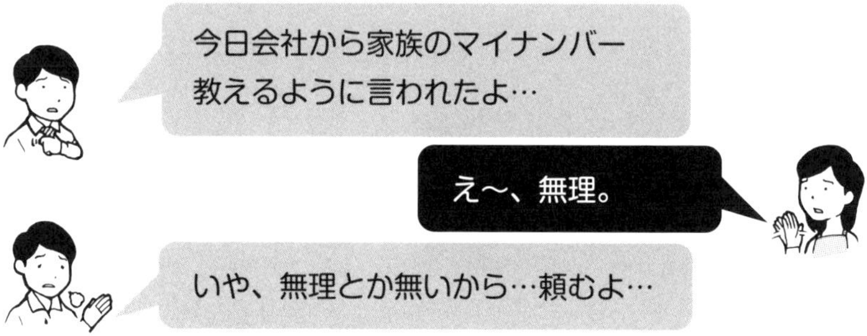
今日会社から家族のマイナンバー教えるように言われたよ…
え～、無理。
いや、無理とか無いから…頼むよ…

マイナンバー大歓迎！

……という国民はあまりいないのに、いつの間にかスタートしたマイナンバー制度。歓迎する国民があまりいないのは、マイナンバー制度により享受できる**“メリット”より“デメリット”の方が大きい**と感じているからでしょう。

国民にとって“目に見えるメリット”は、「今まで役所の窓口まで行ってしなければならなかった手続きが、自宅のパソコンでできるようになりますよ～」といった小さな利便性の向上です。

一方“デメリット”は、「国に監視され、プライバシーが侵害される」「不正利用で詐欺被害にあうかもしれない」といった大きな不安です。

なんだか割に合わない気がする……というのがマイナンバー制度を歓迎する人があまりいない理由ではないでしょうか。

しかし、**マイナンバー制度は、実は「国」にとっては大きなメリットがある**制度なのです。

2 マイナンバー制度で国は借金を返せるのか

1,000兆円超といわれる日本の借金。

もしみなさんが莫大な借金を抱えていたとするならどうしますか？

「まず無駄を減らし、**支出を抑える。**
そして精一杯、**収入を増やす。**」

国も同じです。

まず、マイナンバー制度の導入により行政の業務が効率化し、時間や人員が節約できたり、給付の見える化が進み、例えば生活保護の不正受給がなくなったりすれば、将来的に大きな**歳出削減**が期待できます。

そして、マイナンバー制度により社会保険や税の調査が効率化し、税や社会保険料が漏れなく徴収できれば、大幅な**歳入増加**が期待できるのです。

3 高速道路で100キロ出したら捕まる世界

現在、税務調査をうける企業の割合は約３％（国税庁「第17回国税審議会説明資料」より）。また国民年金の未納率は約40%と言われ（厚生労働省「国民年金保険料の納付率について（平成28年７月末現在)」より)、税や社会保険料の徴収の完全な把握には程遠い状況です。

これでは“公平・公正な社会”とは言えません。ではなぜ税務調査や社会保険料の徴収を徹底しないのかというと、今のやり方が**非常にアナログで非効率**なため、調査に膨大な手間と人員が必要だからです。

ここでたとえ話をしましょう。

法定速度80キロの高速道路を、ほとんどの車が時速100キロで走っています。その脇を、フェラーリがすごいスピードで追い越していきました。

その時！　覆面パトカーがサイレンを鳴らして登場し、あえなく御用。

これが今の調査の実態と言えます。明らかな脱税や著しい不正を見つけ、個別に時間をかけて摘発してきたのです。

この現状、マイナンバー制度でどう変わるのでしょうか。

法定速度80キロの高速道路を、数十台の車が時速100キロで走っています。そしてすべての車にGPSが搭載されており、警察官は警察署でその様子を確認。スピード違反の状況が次々と警察官のパソコンに自動で送信されてきます。

警察官がコーヒー片手にボタンをひとつ押すだけで、100キロを出していた車の所有者すべてに違反切符が自動で送信される……。

恐ろしい世界です。

マイナンバー制度が厳格化されれば、今まで見過ごされていたような脱税や不正も簡単かつ正確に把握できるようになるでしょう。

例えば、パートで働いている妻の収入がバレて夫の扶養から外れたり、アルバイトをしている大学生に国民年金の督促状が来たりするのは、そう遠くない未来の話なのです。

ポイント　マイナンバー制度で不正の把握が容易に

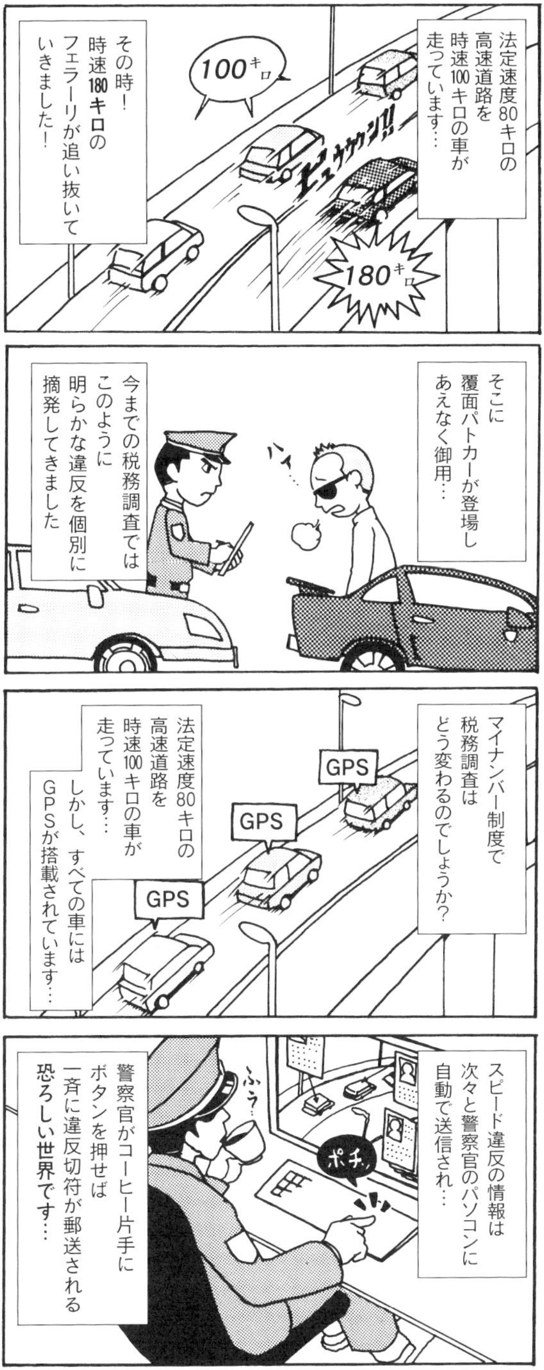

●マイナンバー制度で変わる税務調査

4 資産家にとっては厳しい時代へ

日本で１億円超の金融資産を有している人は、2016年の時点で約210万人います（クレディ・スイス「2015年度グローバル・ウェルス・レポート」より）。これはアメリカに次いで世界第３位です。

仮にこの１億円超の金融資産に年１％の税率をかけたとすると、それだけで、２兆1,000億円以上の財源を確保できます。これは、消費税を１％増税するよりも多い金額です。

平成30年以降、証券口座や預金口座にマイナンバーを付すことが検討されています。数千億円という莫大な予算で導入したマイナンバーを活かすためにも、**株式や預金のナンバリングは確実に行われる**ことでしょう。

こうして政府が資産を完全に把握できれば **“資産課税”** という新たな税制が創設される可能性があります。

政治家が一番気にするのは「選挙」。210万人というのは有権者の２％に過ぎないので、富裕層への課税強化は選挙への影響は少なく、すべての国民に影響を及ぼす消費税よりも、よほど導入しやすい税制と言えます。

しかし、このような「取れるところから取る」という姿勢には、諸刃の剣の側面もあります。資産家自体が海外に移住してしまったら元も子もないからです。

日本の所得税の18％は人口のおよそ0.3％に当たる資産家によって納められていますので、**資産家に海外に移住されない程度にギリギリ最多の額の納税をお願いしたい**というのが、今の日本の本音ではないでしょうか。

5 先進国では当たり前のマイナンバー

日本以外の先進国では、かなり前からマイナンバー制度が導入されている国もあります。では諸外国では、マイナンバーをどのように活用しているのでしょうか。

【アメリカ】

1936年に導入され、クレジットカードや銀行口座の開設時は番号登録が義務化されています。番号は９桁で、様々な分野で活用される一方、年間の詐欺被害が５兆円を超えるともいわれ、自由と自己責任の国アメリカらしい運用がなされています。

【韓 国】

1968年、北朝鮮からのスパイ識別を目的としてスタート。マイナンバーカードの携帯が義務化されていた時期もあり、ほとんどの韓国人がカードを身分証明書として利用しています。預金やクレジット履歴はもちろん、犯罪歴などの情報まで把握され、脱税や不正受給の防止、犯罪捜査に活用されている一方、2011年に全人口の７割に当たる個人情報が漏えいし、大問題になりました。

【エストニア】

ロシアの隣国のエストニアでは、国民の95%が所得税の申告を自宅のパソコンにマイナンバーカードを接続して行っています。確定申告は、政府が収集した自分の情報を確認しクリックするだけ。国勢調査や選挙にも活用され、日本のマイナンバー制度はエストニアをモデルにしていると言われています。

ポイント 近い将来は利用拡大必至

●先進国では当たり前のマイナンバー……………………

6 マイナンバー制度で変わる日本の未来

現在、マイナンバー制度の利用範囲は社会保障と税、災害に限定されていますが、**これから預金やクレジットなどがナンバリングされていくのは諸外国の例を見ても明らか**です。

一方、利用範囲が拡充すればするほど情報漏えいのリスクは高まっていきます。

不安に思われる方も多いと思われますが、個人的には日本の情報処理技術なら大丈夫だと信じています。

我々税理士の世界では既に電子申告（e-tax）が普及しており、所得税や法人税の申告は半分以上が電子申告で行われています。所得や取引先、給料のすべてがわかる、とんでもない機密情報をインターネット経由で国税庁に送っているわけですが、今まで大きな情報漏れの事件は一度も起きていません。

今後、利用範囲が拡充すれば徴税が強化されることは明らかです。しかし、正しく税金や社会保険料を納めている人にとっては、マイナンバー制度はメリットのほうが大きい制度でしょう。

公平公正な社会の実現

これがマイナンバー制度の最終目標。税や社会保険が漏れなく徴収され、本当に必要な人に必要な分だけ配分される社会が実現するなら、**それこそが国民にとって“本当のメリット”**になるのではないでしょうか。

Column

麻生さんの発言にみる日本の自信

「別に持ち歩きたくなかったら持ち歩かなくていいよ、その代わり消費税の還付はないだけの話だから」

これは、消費税が８％から10％に増税されるのに伴い、マイナンバーカードを持ち歩いて買い物をすれば消費税の還付を受けられるようにする、という麻生太郎財務大臣の発言です（平成27年９月８日）。

結局、ICチップ入りのマイナンバーカードやそのカードを読み取る機械の普及に莫大な費用と時間がかかるということで却下されましたが、この発言を聞いて、私は**「日本って凄いな」**と感じました。

みなさん、１日に何回買い物をしますか？　コンビニなども含めれば、２～３回は行くのではないでしょうか。

全国民の、すべての買い物の中から軽減税率が適用されるものを抽出し、１円単位で消費税を還付するというのですから、日本の情報処理能力って凄い。

国が本気を出せば、全国民の収入や資産の把握なんて簡単にできてしまうのだろうなぁ……と麻生さんの発言を聞いて思いました。

そう遠くない未来、マイナンバーで私たちの生活は大きく変わっている気がしませんか？

第2章

実家が空くと何が問題？どうすればいいの？

最近メディアで騒がれている空き家問題。その最大の原因は「相続」です。
何故空き家問題は起き、どのように解決すればいいのでしょうか？

1 実家問題は高齢化社会が生んだ問題

先日、103歳で亡くなられた方がいらっしゃいます。生前は小学校の校長をされており、毎年500万円以上年金をもらわれていました。

職業病でしょうか……頭の中で電卓をたたいてビックリ！

え!?　この人が生涯受け取った年金って……２億円以上だ！

それを現役世代が負担しているのだから、この少子高齢化時代、社会保障費にあてるための消費税増税もやむなしか……とひとりでうなずいてしまいました。

最近よく話題となる**「実家問題」も、この少子高齢化が生んだ社会問題**だと言えます。

医療の進歩も手伝って、いまや日本人の平均寿命は男性80歳、女性87歳。となると、相続人の平均年齢も上がり、母親の相続の際、相続人はだいたい60歳くらいということになります。

一方、日本の持ち家率は平均で60%、**60歳以上の方の持ち家率に限って言えば75%を超えています**（総務省統計局「平成25年住宅・土地統計調査」より）。つまり、母親の相続が起こった時、ほとんどの相続人には持ち家があり、実家に戻ってこないため、実家が空いてしまうのです。

では、実家が空くと何が問題なのでしょう？

ポイント 相続人にも持ち家がある

女性の平均寿命は86歳
母親の相続の際
相続人は60歳くらいです
86歳
60歳
60歳以上の日本人の
持ち家率は75％超
持ち家があるので
実家が空いてしまいます…
空
では
実家が空くと
何が問題で―
どのようにすれば
いいのでしょうか？
空

●空家問題はなぜ起こる？

② 実家が空くと何が問題？

① 「相続税」の負担が増える
② 「固定資産税」などの維持費がかかる
③ 「相続争い」の一因になる

これらが代表的な問題です。それぞれについて、詳しく見ていきましょう。

① 実家が空くと「相続税」の負担が増える？

相続税の計算上、**最も節税効果の高い特例が「小規模宅地等の特例」**です。これは、事業用や居住用に供されている宅地には税金をあまりかけないようにしてくれる非常にありがたい特例で、例えば、**被相続人の居住用の宅地に関しては、100坪（330㎡）まで80％も評価減**してくれます。

関西圏で住宅地の路線価が最も高い大阪市天王寺区真法院町では、１坪が150万円ですから、100坪で１億5,000万円、その80％の１億2,000万円の宅地が評価減となるのです。

ただし、要件があります。
「相続人が実家を引き継ぎ、住み続けること」

つまり、実家が空いてしまう場合、小規模宅地等の特例は受けることができないのです。もし真法院町に実家があるような場合、この特例を受けられるのか、受けられないのかで、相続税は数千万円単位で変わってくることでしょう。

そこまで高級住宅地でなくとも、数百万円の相続税が「実家を引き継ぐのか、引き継がないのか」で変わってくるということは珍しくありません。

実家を引き継ぐかどうかで相続税は大きく変わります。

② 実家が空くと固定資産税が増える？

「倒壊の恐れ　特定空き家を解体」

平成27年10月26日の日本経済新聞に、同年５月に施行された「空き家対策特別措置法」により、全国で初めて「特定空き家」が取り壊されたという記事が載っていました。

この「空き家対策特別措置法」とは、放置しておくと倒壊するなど近所の住民に多大な迷惑をかけるような家屋を「特定空き家」に指定し、**住宅用地として６分の１に優遇していた固定資産税を満額納めてもらうようにできる法律**。場合によっては、行政代執行により空き家を撤去することもできます。

「とりあえず実家が空いても壊さずに置いておけば、固定資産税が６分の１になるから放置しておこう」と考える人があまりに多く、全国で空き家が急増、平成25年には820万戸を超えました。

しかし、特定空き家に指定され、今まで年10万円で済んだ固定資産税が年60万円になったら、さすがに実家を売却するか活用しようとするだろう、と国は考えたのです。

実家を維持管理するための費用は、固定資産税だけではありません。相続人が実家から遠いところに住んでいると、交通費や庭の手入れ、修繕費等もばかにならないという話をよく聞きます。

実家は思ったより維持費がかかるのです。

③　実家が争いの種に

「誰が実家を引き継ぐんだ」

遺産分割の場で、このような会話を幾度となく聞いてきました。

それぞれに家を持ち、生活基盤もある相続人たちにとって、実家は「プラス」の財産ではなく、今や**相続税や固定資産税のかかる「マイナス」の財産**。実際、「実家を売って売却資金を公平に分けよう」「いや、つい最近まで親が暮らしていた家を売るのは反対だ、親戚の目もある」など意見がまとまらず、実家が争いの種になってしまうケースも多々あります。

なぜ、このようなことになったのでしょう？

それは、親の生前に親子で「実家をどうする」という話し合いをしなかったからです。

どうして話し合いをしなかったのか

それは、親と子の気持ちの問題に起因します

【親目線】

実家問題を考え始めるのは、ほとんどの場合80歳を過ぎた頃。連れ合いに先立たれ、身体的に不安を感じるようになった頃に「この家って誰が引き継ぐんだろう」と考え始めます。それも、真剣にではなく、漠然と。

親にとって実家はあくまでプラスの財産であり、すでに日用品を片付けるのも億劫な年齢になってしまっているからです。

【子目線】
子供は親よりも真剣に考えています。引き継ぐのは自分たちであり、内心、生前に何とか解決しておきたいと思っています。
しかし「親の生前に相続の話はしづらい」「財産を狙っているのかと怒られるかもしれない」という遠慮から、なかなか切り出せずにそのまま相続を迎えることがほとんどなのです。

3 親子の話し合いが大きな第一歩に

「もしよかったら一緒に片付けようか」

実家問題に限らず、相続対策にとって一番大事なのは、「親子の話し合い」。大事なのはわかっているけれど、なかなか切り出しにくい相続の話、いきなり「相続のことなんだけど」は絶対NG。実際、「どう切り出していいかわからない」という相談をよく受けます。

そんなとき私は「一緒に実家を片づけてみるのはいかがでしょうか」とアドバイスしています。子供と一緒に家を片付けることで**「相続のとき、この家ってどうするのだろう」**と考えるきっかけになるかもしれません。

大切なのは親のほうから自主的に相続について考えてもらうこと。そのために、**コミュニケーションの機会を多く持つ**必要があります。
いずれにせよ、親子で話し合うことが実家問題解決の大きな第一歩です。

では、実家問題の具体的解決法には、どのようなものがあるのでしょうか。

4 実家問題の具体的解決例

山田さんのお母さんは、お父さんに先立たれ、現在ひとり暮らし。財産は自宅と預金のみです。

今回、子供たち3人と、実家をどうするか話し合いました。

【財　産】

建物　1,000万円

土地　4,000万円

預金　5,000万円

計　　　1億円　→　相続税　630万円

パターン①　同居してくれる子供がいる場合

話し合った結果、長男が定年退職を機に同居してくれることになりました。そこで、相続税の節税も考え、預金3,000万円で２世帯住宅を建築しました。

【財　産】

２世帯住宅	1,500万円[※1]
土地	800万円[※2]
現金	2,000万円
計	4,300万円

【相続税】

０円

※１　２世帯住宅の評価は建築費の50%
※２　居住用の敷地は80%評価減

親にとって、同居してくれる子がいるというのは本当に幸せなことです。

もし実家が古い場合、いつかは建て替える日が来ます。それなら、相続対策として生前に２世帯住宅の建築も検討してみてはいかがでしょうか。

快適な住環境と幸せな同居生活を手に入れて相続税が激減するなら、一挙両得です。

パターン② 子供たちが帰ってこない場合の選択肢「近居」

話し合った結果、子供たちはそれぞれに生活もあり、帰ってきません。

長女からの提案で、自宅は4,000万円で賃貸住宅に建て替え、その家賃で長女が住むマンションの隣の部屋に引っ越してきてはどうかという話になりました。

【財　産】

賃貸住宅	1,400万円※1
土地	2,000万円※2
現金	1,000万円
計	4,400万円

【相続税】

0円

※1　賃貸住宅の評価は建築費の35%

※2　賃貸住宅の敷地は50%評価減

このように、親子が気軽に行き来できる程度の距離に住むことを、「近居」と言います。

子供が実家に戻ってこない最大の理由は、子供にはそれぞれ持ち家も生活基盤もあるから。

思い切って自宅を賃貸住宅に建て替え、その家賃収入で子供の近くに住むという「近居」は、高齢化社会に合った新しい選択肢ではないでしょうか。

5 相続対策は、親子で考える

「もしこの実家を引き継いだら、子供たちはどうするのだろうか」

一度、想像してみてください。

築60年以上の家を引き継いだ子供たちは、親との思い出がたくさん詰まった実家を売却したり、活用したりはなかなかできないもの。

「あんたたち、もしこの家引き継いだらどうするつもり？」

一度、聞いてみてあげてください。

当然、親の気持ち、子の気持ちが必ずしも一致するとは限りません。しかし、問題を先送りし、何もしないまま相続を迎えるよりはよっぽどいいと思いませんか。

相続は避けられないもの……

親子で悩んで出した結論が、相続対策のベストアンサーだと私は信じています。

Column

「近居」の満足度は「同居」よりはるかに高い？

政府は、これから社会問題化していくことが明らかな**「空き家問題」**の解決に躍起になっています。

820万戸を超える空き家の44%が相続に起因する[i]といわれており、平成28年度の税制改正では「空き家に係る譲渡所得の特別控除の特例」を創設し、一定の要件のもと相続により空き家となった実家を他人に売却した際、譲渡所得（売却益）のうち3,000万円までであれば所得税等を課税しないようにしました。

なんとか空き家の増加を食い止めたいという政策的メッセージを感じます。

その一方、日本が抱える最重要課題として**「少子化問題」**があげられます。

空き家問題と少子化問題を一気に解決するのが「同居」です。

母親と同居している家族の出生数は2.09人と、別居の場合の1.84人を大きく上回っています。[ii]

２人が結婚して２人以上子供を産んでくれる「同居」は、少子化に悩む日本にとって、一筋の光と言えるでしょう。

平成28年度の税制改正で「三世代同居に対応した住宅リフォームに係る特例」が創設され、３世帯住宅の改装費の一部が所得税で還ってくるようになりました。
ここにも政策のメッセージをひしひしと感じます。

おじいちゃん、おばあちゃんに囲まれて孫がすくすくと育っていく、大勢の家族が一つ屋根の下、たくさんの笑顔が目に浮かんでくるようです……。

しかし、果たしてそんなにうまくいくのでしょうか？
朝ドラのキラーコンテンツは、今でも「姑の嫁いびり」だそうですが、同居には理想論だけでは解決できない問題が潜んでいます。

実は、平成13年から23年までの10年間で「同居」は20%から11%と半減し、「近居」は23%から30%へ大幅に増えたという統計があります。[iii]

---

i　価値総合研究所調べ（2015年12月９日日経新聞記事より）
ii　国立社会保障・人口問題研究所調べ（平成10年統計・2015年11月25日読売新聞記事より）
iii　国立社会保障・人口問題研究所調べ（2015年11月25日読売新聞記事より）

同居より近居のほうが互いにプライバシーが守られるため、介護と生活の安定という交換条件も成立しやすいようです。

家の数の何倍も子供がいた時代は「同居」が自然だったと思いますが、経済的に成熟した現在の日本では、むしろ**「近居」が自然な姿**なのかもしれません。

第3章

最もシンプルな相続税節税法

資産家の方にとって、「相続税」は人生最後の借金と言えます。次世代に残せるのは、その借金を返済した“残り”だけです。ですから、資産家の方がより多くの財産を残すために「相続税」の合法的節税は絶対条件です。
では、どのようにすれば相続税を最小限に抑え、最大限の財産を次世代に引き継いでいけるのでしょうか？

1 相続税の節税なくして財産は守れない

「相続が３代続くと財産はなくなる」

相続税の重税感を表してよく使われる表現です。

相続税は、人が最後に遺した財産「すべて」にかかる税金。資産家ほど高い税率が課せられることを考えると、一概に大げさな表現とも言えません。
逆に言うと、３代先まで財産を遺すためには「相続税の節税」は必須条件と言えるでしょう。

実は「相続税の節税法」はいたってシンプル。

「課税されやすい財産から
非課税財産や課税されにくい財産にシフトする」

それだけです。

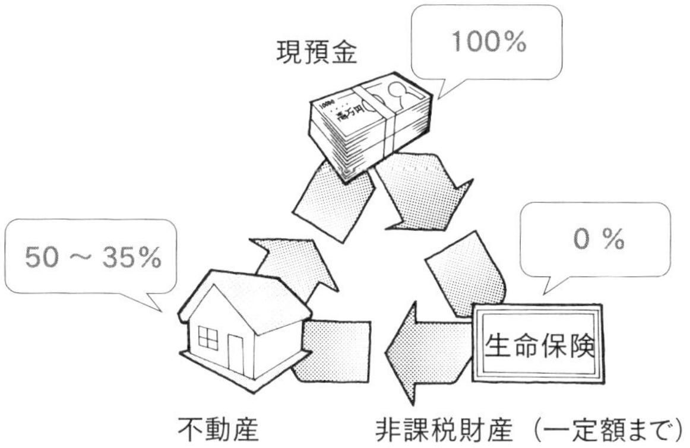

同じ資産価値でも課税される割合は異なる

②現金４億7,000万円 相続税額１億500万円

「もったいないなぁ……」

相続税の申告書を作成しながら、そう思うことが多々あります。

平成26年度に手がけたある相続税申告もそうでした。
遺産総額は４億7,000万円。すべて現預金です。
相続人は子ども３人で、相続税額は１億500万円。

現預金は、１億円に対し１億円が課税対象とされる「もっとも課税されやすい財産」である反面、「もっとも相続対策しやすい財産」です。

生前にきちんと相続対策をしておけば、支払う相続税は半分以下で済んだでしょう……。

納付書を書きながら、思わずつぶやきました。
「もったいない……」

③ 現預金は最も課税されやすい反面、最も相続対策がしやすい財産

日々相続税の申告書を作成していると、遺産に占める現預金の割合が半分以上である申告をよく目にします。

現預金は最も課税されやすい財産である反面、最も簡単に相続対策が行える財産です。

生前贈与を中心とした非課税制度を活用すれば、かなりの金額を非課税で次世代に移転することができます。

例えば、毎年110万円の非課税制度を利用して、子や孫10人に100万円ずつ10年間贈与すれば、非課税で１億円もの財産を移転できます。
方法もいたってシンプル。生活費として使われている普通預金に直接贈与資金を振込むなど実際に渡していることを証明できるようにしておけば、これほど簡単な対策はありません（正しい贈与の方法については**第８章**参照）。

また、最近流行りの「教育資金一括贈与」で孫10人に1,000万円ずつ贈与すれば、さらに１億円が非課税で移転できます。

それでは、なぜ贈与の利用が進まないのでしょうか？
「なぜしないのですか？」と聞くと、理由で多いものは以下の通りです。
みなさんも思わずうなずいてしまいませんか？

・「息子はいいけど嫁が贅沢するのが嫌」
・「教育上よくない（息子の勤労意欲を削ぐ）」
・「息子が働かなくなる」

私も２児の父として、お気持ちはよくわかります。
しかし、受け継ぐ側（子供）の気持ちはどうでしょう。できれば無税で、お金が必要な若いうちに贈与してほしいというのが本音ではないでしょうか。
引き継ぐ側（親）も、死んでからより、生きているうちに感謝されたほうがいいと思うのですが……。

●どうしても財産を渡したくない理由ランキング※著者集計

第1位
お義母《かあ》さま…
※あくまでイメージです
嫁が贅沢するのが嫌

第2位
えぇぇすご〜い
たいしたことないよ！
※あくまでイメージです
教育上よくない

第3位
※あくまでイメージです
息子が働かなくなる

先日、103歳でご相続を迎えられた方の相続人の方が、３億円の財産を受け継がれました。

83歳でした。

「これだけの遺産を受け継がれたお気持ちは」と聞くと、「今さらもらっても嬉しくない」とのこと。

この話を聞いて、現預金を使った非課税制度について真剣に考えてみようと思った方は、**第４章**で具体的事例について詳しく解説します。

4 不動産にしかできない破格の節税

「税制には政策のメッセージが込められている」

これは元国税庁長官の言葉ですが、私がそのメッセージを最も強く感じるのが、相続税の計算における**「不動産の相続税評価」**です。

大ざっぱに言いますと、１億円で不動産を購入すれば、その相続税評価は5,000万円以下になります。そこには「景気を刺激したい」という政策の強いメッセージが込められています。

事実、平成27年度の相続税法改正以降、不動産の購入動機は「相続税対策」がトップで、景気の向上に少なからず貢献しました。

ただ、不動産には相続税を劇的に下げる効果がある反面、注意点もたくさんあります。

これについては、**第５章**で詳しく解説します。

5 家族が一番幸せになる資産構成を考えるために

相続税は、人生の最後に遺された財産すべてに対して課税される税金です。

言い換えれば、**「最後に遺す財産をどのような内容で構成するか」で相続税がいくらになるかが決定します。**

“最後の財産をどのように構成するのか”は人それぞれです。

私が相談にのってきた方の中には—

「私は幼いころ非常に貧乏だった。
お金はいつなくなるかはわからない。
たとえ相続税が高くても、子供達にはお金で遺してあげたい」

とおっしゃられる方、

「私の家は分家で、本家の相続を見てきた。
本家では不動産を生前にすべて売却し、相続財産のすべてを現金で遺した。
その結果、子ども達は贅沢をし、先祖代々の資産を食いつぶしていった。
だから我が家では相続財産のほとんどを不動産で運用し、子々孫々その資産を守っていくように伝えている」

とおっしゃられる方、様々な方がいらっしゃいました。

人の価値観に正解はありません。

私は、相続対策の相談に乗るときは、必ずその方のご意見を最後までお聞きし、できるだけその人のニーズに合った提案をするように心がけています。

オーダーメイドのスーツのように、自分にぴったりと合った相続対策を実行するために、まず必要なこと。

それは**「選択肢を持つ」**ということです。

平成27年以降、相続税が大幅に増税される一方、相続対策の選択肢は一気に増えました。

それらの選択肢の中から、自分たち家族に合った対策を選んでいく。

その結果が、その家族にとって一番いい資産構成なのだと信じています。

さあ、では、今どのような選択肢があるのか、次章以降で見ていきましょう！

Column

¥¥

相続対策はいつからすべきか？

「そろそろ俺も相続対策をはじめないとな」

ある社長がおっしゃいました。93歳でした。
最近、病院の精密検査で大きな病気が見つかったそうです。

私は今まで500件以上の相続相談にのってきました。
その相談者のほとんどが、**「何かあってから」**相談に来られます。
大きな病気や認知症になったことがきっかけで“相続”というものを意識し始めるのです。
相続対策を始めるべき理想のタイミングは、元気なうちです。病気や認知症になってからではありません。

しかし、相続対策の話をすると、みなさん**「俺はまだまだ元気だから」**と言われます。
元気だから、いや、元気なうちに始めないとダメなのです。

今、いわゆる団塊の世代がアラセブン（アラウンド70歳）となり、事業承継のピークが始まっています。
事業承継はリレーと一緒です。ある程度の並走期間が必要です。
先代と後継者がともに走り、経営というバトンを引き継いでいく時間が必要なのです。

¥¥

私は、相続がきっかけで突然会社を引き継いだ後継者の苦労を、幾度となく見てきました。

松岡　「社長、息子さんにはいつ頃事業を引き継がれるおつもりですか？」
社長　「いや～まだまだ」（笑）

『**息子さん、もう65歳ですよ……**』とつっこみたくなる気持ちを抑えて、同族会社の株価計算の資料を鞄にしまいなおした経験が何度もあります。

人は対策ができるときは何もせず、
問題を感じたときは何もできない

「先生、いつから相続対策を始めたらいいですか？」と聞かれたら、迷わず「今でしょ！」と言いたいです。

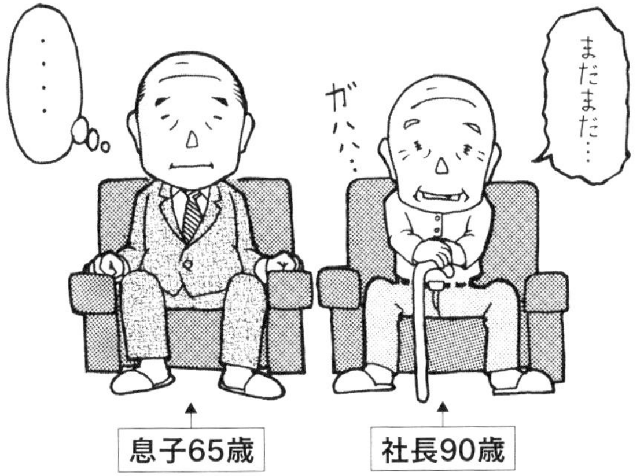

第4章

相続税節税の王道！現預金のかんたん贈与法

現預金は最も課税されやすく、最も相続対策のしやすい財産。
にも関わらず、ほとんどの方が相続財産として現預金を遺します。
その原因と解決法とは…？

1 「最低納税資金くらいは……」は間違い

先生、うちは相続税どのくらいかかるかわかった？

1,320 万円ですね

1,320 万円か……だったら最低 1,320 万円はお金遺しとかないとね

え！　ちょっと待ってください

よくある会話です。
みなさんはこの会話、どこがおかしいかわかりますか？

意外と勘違いされている方が多いのですが、**相続の際、「納税資金」を現預金で残すと、その納税資金自体に「相続税」がかかってしまう**のです。

納税資金くらいは「非課税」で生前に移転しておきましょう。

では、非課税制度を使った現預金の移転の仕方について解説します。

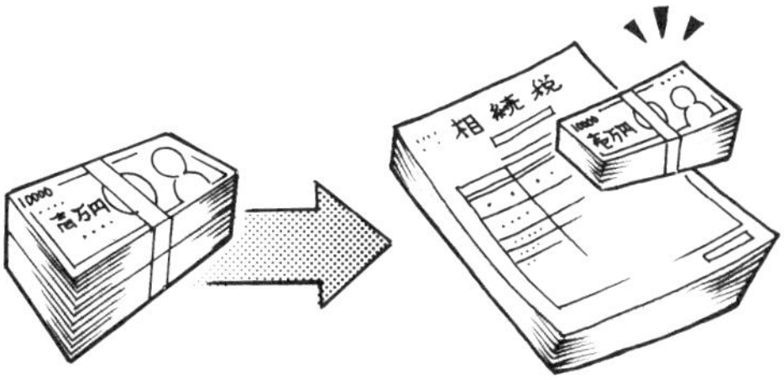

納税資金を相続財産として遺すと
その納税資金自体に相続税が！

2 納税資金は「生命保険金」で確保する

生命保険には入られておられないのですね

保険は嫌いなんだ

……

よく、保険が嫌いという“感情”的な理由で生命保険に加入されていない方がいます。しかし、生命保険には**「相続人の数×500万円」という相続税の非課税枠**があります。仮に相続人が４人なら、500万円×４人で2,000万円非課税です。2,000万円という相続税は相当な資産家でないと発生しない額ですので、たいていの方は“生命保険金”を使って非課税で納税資金は確保できます。

「感情」的には嫌いでも、「勘定」的には相続税の納税資金くらい生命保険で確保しておいては……という話になります。

また、相続が開始すると凍結されて使えなくなる預金に比べ、生命保険は「死亡後1週間程度で受取人に入金される」という使いやすさの面でもメリットがあります。

3 相続税対策の王道「暦年贈与」

毎年の贈与

毎年、１人につき110万円まで、贈与しても贈与税はかかりません。

毎年、１月１日には日本国民全員に「110万円の非課税チケット」が送られてくると思ってください。そのチケットを利用して子や孫に現預金を移転していく「暦年贈与」は、相続対策の王道中の王道です。

直系卑属（子や孫）への贈与税率は平成27年から緩和され、相続財産の生前贈与を政府も支援しています。

ただし、この暦年贈与。

意外と知らない注意点がたくさんあります。

① 相続の際、相続人への贈与３年分は「無効」

相続税の申告上、相続の日前３年以内に行われた相続人への贈与は相続財産として加算されます。

税務調査でも、毎年非課税の範囲で100万円ずつ行っていた相続人への贈与が、相続開始前３年間分否認されるのはよくある話です。

相続まであまり時間がないときは「孫」や「相続人の配偶者」など、相続人以外への贈与も検討しましょう。相続人以外への贈与なら、相続開始の日前３年以内に行われた贈与でも「有効」です。

② 未成年者への贈与は「有効」

０歳の孫への贈与は可能なのか？

答えは**「YES」**です。

未成年者への贈与は「親」が同意することで成立します。

子どもが20歳になるまでの財産の管理責任は「親」にあるからです。

ただし、贈与を立証するための贈与契約書は必ず作っておきましょう。受贈者が未成年者の場合、両親がその子の法定代理人として署名押印した契約書を作成しておけば OK です。

③ 形だけの贈与は「無効」

「子どもに実際お金を渡すと教育上よくない」
「息子にやるのはいいけど、嫁が贅沢するのが嫌」

「実際にあげる」ことが贈与の要件ですが、「実際にはあげていない」ことが多々あります。

親が子どもや孫名義でこっそりつくった定期預金や株式。これを「名義預金」や「名義株」といいます。

税務調査で最も指摘が多いのがこの「名義預金」や「名義株」。
名前が変わっただけでは、贈与は成立しないのです。

それでは、税務署は何をもって名義預金や名義株を立証するのでしょう。
この点については、**第８章 本当にあった税務調査のリアル**に回したいと思います。
これらの注意点を守って「正しく贈与」すれば、相続税の支払いは確実に減らすことができます。

この生前贈与は、長い間、たくさんの人にすることで効果が出てきます。その意味で、「長生き」が最大の相続対策と言えるかもしれません。

●正しい贈与の注意点

相続人への3年以内の贈与は無効

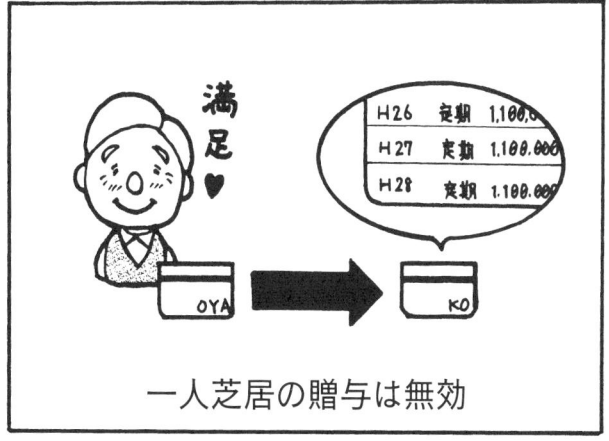

未成年者への贈与は有効

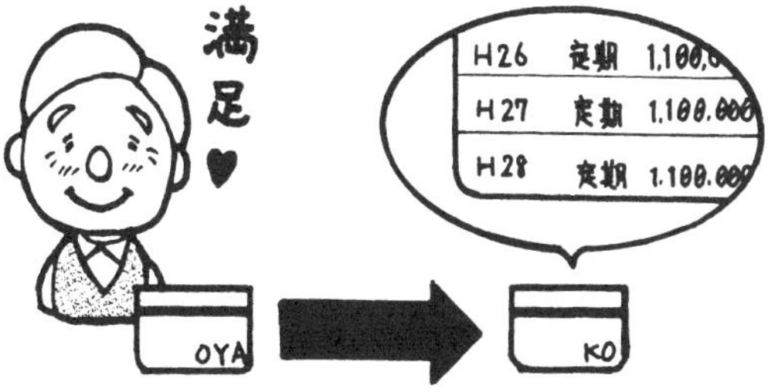

一人芝居の贈与は無効

④ 利用金額１兆円超！「教育資金の一括贈与」

教育資金の一括贈与

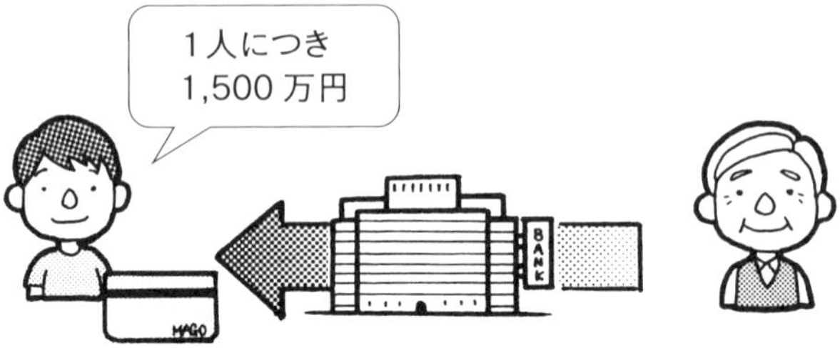

※平成31年3月末まで

平成25年４月に創設された「**教育資金の一括贈与特例**」の利用金額が、**平成28年３月で１兆円を超えました。**

全国で16万人以上のお子さんやお孫さんが親や祖父母から平均700万円の贈与を受けているそうです（一般社団法人信託協会「信託の受託概況（平成28年３月末現在）」より）。

「かわいい子や孫には財布のヒモも緩むとは聞いていたけど、まさかこれほどとは……」と、政策関係者も驚いていることでしょう。

この税制が生み出した経済効果は大きく、創設当時平成27年末としていた期限は、早々に平成31年３月末まで延長されました。

そこまでニーズのある教育資金の一括贈与とはいったいどのようなものなのでしょう。

その内容は以下の通りです。

【概要】　信託銀行等を通じて子や孫に教育資金を一括で贈与した場合、1人につき1,500万円（学校等以外は500万円）まで贈与税は発生しません。

【注意点】
- 平成31年3月末日までの間に契約を行う必要があります。
- 子や孫が30歳の時点で使い余した資金には、贈与税が発生します。
- 税務署への手続きは金融機関が代理で行います。

本来、子や孫への生活費、教育費の贈与は、この制度を利用しなくても非課税です。

先日、お孫さんが私立大学の医学部に入学するのでこの制度を利用したいという方がおられましたが「それなら直接贈与してあげてください」と言いました。

私立大学の医学部なら1,500万円の非課税枠なんてあっという間ですので、わざわざ信託銀行に預ける必要はありません。

では、どのようなときにこの制度は効果を発揮するのでしょうか。

それは、**相続までそれほど時間がなく、まだ幼い孫やひ孫がたくさんいるような場合**です。

例えば、100歳の人にひ孫が10人いたとします。

その人が1億円の現預金を持っていたら、相続の際、その現預金に相続税がかかってしまいます。

「このままおいておくと相続税がかかってしまう……それなら、かわいいひ孫たちに将来かかる教育費を“教育資金の一括贈与制度”を使って贈与しよう」

そう考えて10人のひ孫たちに1,000万円を贈与したら、その１億円は非課税で移転でき、相続税はかかりません。

ただ、「孫かわいさに教育資金の一括贈与をしすぎて、自分自身の生活費に困窮している人がいる」とニュースになっていました。

一度あげたお金は、教育費以外の使用はできませんのでご注意を。

5 新たに創設された「結婚・出産・育児資金等の一括贈与」

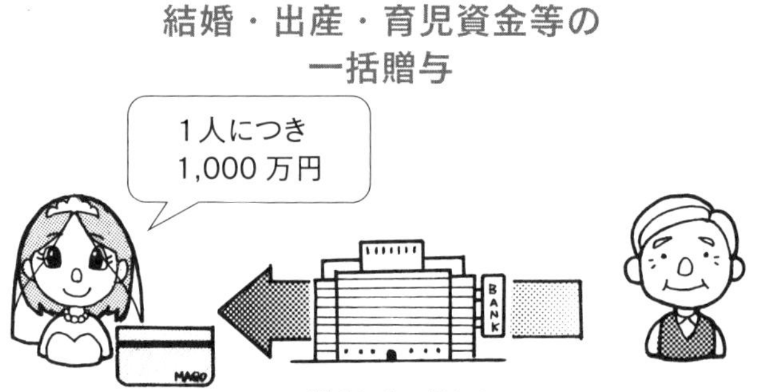

※平成31年3月末まで

教育資金等の一括贈与の創設により、信託銀行の利用は大幅に増えました。

これに気をよくして（？）、平成27年４月１日に創設されたのが**「結婚・出産・育児資金等の一括贈与」**です。

【概要】　信託銀行等を通じて（20～49歳までの）子や孫に結婚・子育て資金を一括で贈与した場合、1人につき1,000万円（結婚資金は300万円）まで贈与税は発生しません。

【注意点】
・平成31年3月末日までの間に契約を行う必要があります。
・子や孫が50歳の時点で使い余した資金には贈与税が発生します。
・税務署への手続きは金融機関が代理で行います。

教育資金の一括贈与と同じく「少子化問題」の解決策として創設された「結婚・出産・育児資金等の一括贈与」ですが、利用者はあまり多くないようです。

「結婚しないと贈与税が発生する」のが一因でしょう。

ただ、言い換えると「なかなか結婚しない子供や孫」にプレッシャーをかける効果は期待できそうです。

「早く結婚しないと贈与税がかかるぞ！」と言って贈与してみてはいかがでしょうか。

6 住宅取得等資金の一括贈与

住宅取得等資金の一括贈与

※年月によって異なる

親や祖父母からマイホームの購入資金の一部を贈与してもらった場合、その取得時期や住宅の内容に応じて、以下の金額が非課税となります。

【概要】　親が子（孫）の居住用不動産に対し、その購入資金や増改築の費用を贈与した場合には、下表の非課税枠まで贈与税は課税されません。

非課税枠		
	省エネ住宅等	一般住宅
H28.1 ～ H31.3 末	1,200 万円	700 万円
H31.4 ～ H32.3 末	3,000 万円	2,500 万円
H32.4 ～ H33.3	1,500 万円	1,000 万円

【注意点】　・所得や住宅には一定の要件があります。
・住宅取得「資金」に対する特例です。
・必ず贈与税の申告が必要です。

上記の表で、平成31年４月以降に受けた贈与は、「消費税が課せられた住宅の購入かどうか」で非課税枠が大きく分かれていますよね。

不動産にかかる消費税は、平成28年10月１日を境に８％から10％に増税されることが予定されていましたが、平成28年６月の安倍総理大臣の発言を受け10％への増税は平成31年４月１日より実施の予定です。

10％が課せられる住宅への資金援助は非課税枠を多くして、消費税の駆け込み需要による反動減をできるだけ緩和しようという政策的な意図によるものですね。

7 保険を使った「無駄遣い対策贈与」

子供たちはまだ若いし、実際にお金を
渡すのは抵抗があるわ……

では、お子さんがおいくつになられたら
渡してもいいと思われますか？

う～ん、60 歳になったらあげても
いいかな

このような会話はよくあります。

教育上よくない、勤労意欲を削ぐ、嫁が贅沢するのが嫌……といった理由で、実際にお金を生前贈与するのに抵抗がある方は多いのではないでしょうか。

そこで私が提案しているのが、**「無駄遣い対策贈与」**です。

① 子供に、自分が60歳になったら受け取れる保険契約を結んでもらいます。

② その保険料を、親が非課税の範囲（毎年110万円）で贈与します。

③ 贈与の翌日にはその保険料は自動引き落としで保険会社に引き落とされます。

単に「子供が自分で自分にかけた保険」の保険料を毎年贈与して、翌日に自動引き落としさせるだけですが、以下の効果があります。

【簡単】子どもが一度保険契約すればいいだけです。
【節制】保険料が自動引き落としされるので、無駄遣いを防止できます。
【節税】子どもが保険金を受け取るとき、「一時所得」として節税効果があります。

以前、「娘がアメリカに住んでいて、日本円での贈与は税務署に『実際に自由にさせていない』として否認されるのではないか」と心配されている方がおられました。

この方法なら、娘が日本に帰国した際に一度だけ保険契約をしておいてもらい、その後は保険料を親から毎年贈与していくだけなので、贈与の立証が簡単で、かつ確実にできます。

また、「息子夫婦は今は仲がいいけど、10年先、20年先はわからない。息子に贈与したら嫁にいくのが嫌」とおっしゃられる方がいました。

それでは何歳まで連れ添っていたら贈与してもいいと思いますか？　と聞くと、「60歳」とのこと。

そこで、「60歳」を満期に設定して毎年お金を贈与し、自動引き落としで保険料を支払っていくこととしました。

8 お金が生きる方法で対策する

このように、現預金の贈与だけでも多種多様です。

大事なのは、どのような方法が「自分たち家族にとって幸せか」という発想です。

- 結婚20年の感謝を込めて、一緒に住む家を贈与したい。
- 孫の教育資金を援助して、立派な大人になる一助になってあげたい。
- 不安定な世の中だけど、子どもたちが安心した老後を過ごせるように支えてあげたい。

それらの“思い”が先に立ち、結果として相続税が節税できればいいという考え方が大切なのです。

相続税が先に立つと、思考回路が「相続税」の節税につながってしまいます。

本来は「家族の幸せ」に思考回路の終点をおくべきです。

相続に日々携わっていて思うのは、「相続は必ずやってくる」ということ。

いざ相続が始まると、「遺産分割がどう」「相続税がどう」という話になりがちです。

「お父さん、お母さんがこうやって財産を遺してくれて本当に感謝だわ」という声をあまり聞かないな……と少し寂しくなります。

いずれくる相続、どうせなら本当に必要なときに必要な額を「直接」渡して感謝されるほうがいいと思うのは、私だけでしょうか。

Column

¥¥¥

生きたお金の使い方

「生きたお金の使い方」

相続対策のご相談をお受けしてきて、幾度となく、この言葉を使ってきました。

制度設立から２年半で１兆円以上の預金を次世代に移転させ、空前の大ヒットとなった「教育資金等の一括贈与特例」は、なぜ、これだけ多くの支持を得たのでしょうか。

その秘密は、このキーワードにありそうです。このまま相続財産として現預金を遺すと、相続税がかかってしまう。

それなら、かわいい孫たちのためにお金を使ったほうが、「お金が生きる」。

あなたにとって、生きたお金の使い方とは、どんな形ですか？

それが相続対策になればいいと思いませんか？

「相続対策！」というテロップを見ると、いかにもテクニカルで無機質な印象を持ちがちですが、その本質は、「残された家族の生活を守ってやりたい」といった思いであり、その思いの実現が相続対策というカタチで表現されるべきだと思います。

¥¥¥

相続税がいくら少なくなっても、家族が争う結果になっては意味がありません。

どれほどお金があっても、健康な体がなければ意味がないのに似ていますね。

どれほどテクニカルな相続対策も、「家族の幸せのため」という大前提があってこそ、その真価が発揮されます。

生前贈与におけるお金の使い方ひとつにしても、その本質は家族への思いであり、その思いを生きているうちに伝えていくことで、お金も生きてくるのではないでしょうか。

第5章

相続税を劇的に下げる 不動産を使った “超”節税法

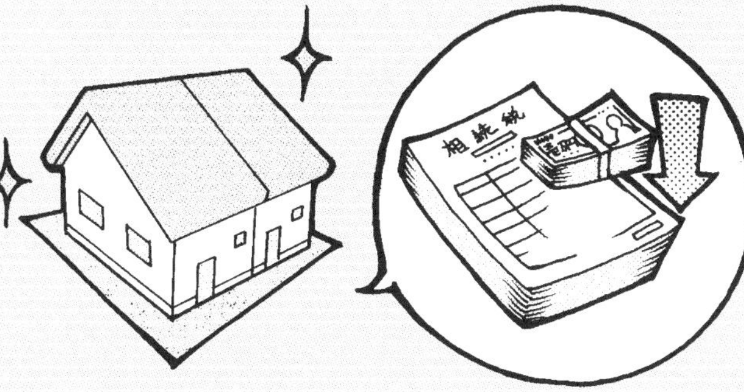

平成27年の相続税増税以降、相続税の節税を目的とした賃貸住宅の建築が急増しました。
賃貸住宅にはどれほどの節税効果があるのか？　その節税力と活用方法についてみていきましょう。

1 不動産・破格の節税力

鈴木様が仮に1億円の収益物件を建築した場合2,000万円以上の相続税が節税可能です。

え！　そんなに
節税できるんですか？

不動産には破格の節税効果がありますから。

だけど、この歳で不動産投資なんて不安だわ…

相続税の節税効果と不動産投資によるリスクを天秤にかけて慎重に判断することが大切ですよ。

「なぜここまで優遇されているのか……」

税理士として本当に不思議に思うほど、不動産の節税効果は破格です。

元国税庁長官が、「税制には政策のメッセージが込められている」と言ったそうですが、不動産が節税力で優遇されているのは、「不動産は景気の向上に貢献する」という政策的メッセージが込められているからでしょう。

我々はそのメッセージをどう読み取り、どのように立ち回ればいいのでしょうか？

この章では、不動産の“超”節税力について、実例をもとに徹底解説していきます。

2 建物による節税

建物の相続税評価は、現金に比べて半分程度です。

建物の評価には、市役所等の決定する**「固定資産税評価額」**を用いるのですが、１億円で建物を建築し、その翌年５月ごろ市役所等から通知される建物の固定資産税評価額は概ね50％程度（地域により異なりますが、私が過去に申告した建物の評価を調べたところ、平均して45％～55％程度の評価額でした）。

つまり、現金を建物に変えただけで、**相続税の課税対象額は「半減」**するのです。

さらに、その建物を他人に貸すと、他人の権利分を差し引くため、その評価に**70％を乗じることができます。**

例えば、1億円で賃貸住宅を建築した場合は以下の通りです。

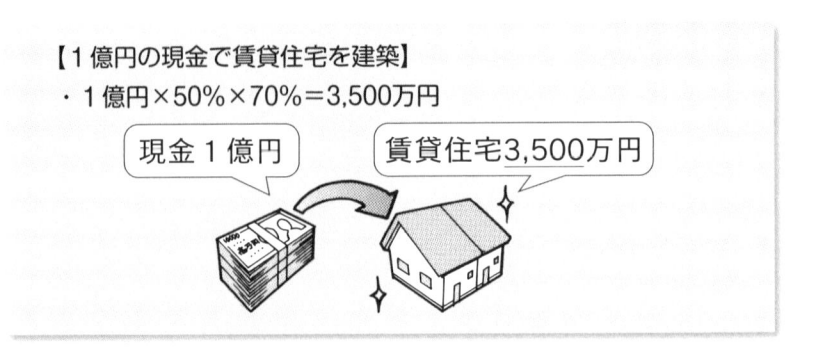

【1億円の現金で賃貸住宅を建築】

・1億円×50%×70%＝3,500万円

また、賃貸住宅の敷地も、他人の権利分を差し引き、約80%で評価されます。

ですから、1億円の土地の上に1億円の賃貸住宅を建てると、以下のようになります。

【対策前】		【対策後】
・現金1億円		・賃貸住宅3,500万円
・土地1億円	➡	・土地8,000万円
（合計2億円）		（合計1億1,500万円）

2億円の相続財産が、あっという間に1億1,500万円の相続税評価になりました。

実際の価値は2億円でも、不動産だと1億1,500万円で評価してくれるのです。

これが、よく言われる**「不動産活用」の典型例**です。

さらに、建物の節税効果はこれだけではありません。

建物の評価には、**「時の経過とともに下がっていく」**という特徴もあります。

現金で持っている限り、１億円は10年後も20年後も１億円の評価で変わりません。

一方、建物は「固定資産税評価額」で評価されます。

固定資産税評価額は３年に１度評価が見直され、20年後に20%まで評価が下がる場合もあります（※評価減の速度は建築素材により異なる）。

先ほどの例だと、１億円で建築した賃貸住宅は、建築翌年には3,500万円で評価され、20年後には700万円（3,500万円×20%）で評価されるということになります。

（建物の減価による節税効果）

・１億円の賃貸住宅

⇓

建築翌年の評価3,500万円

⇓

20年後の評価700万円（3,500万円×20%）

不動産の節税効果

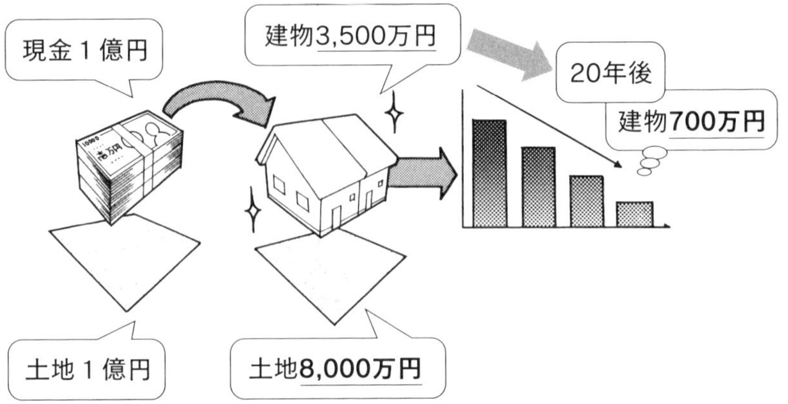

２億円の相続財産が 20 年後には 8,700 万円の評価に！

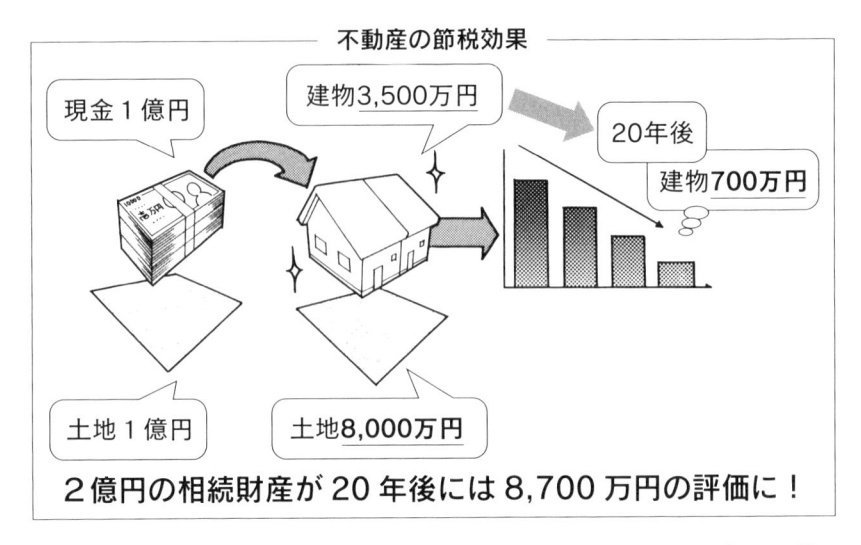

論より証拠。ご自身の家に届いた固定資産税の納税通知書に記載されている、自宅の金額を見てください。きっと驚くほど低い評価額ですよ。

それが建物の評価減による効果です。

言い換えると、**現金を建物に変えれば、時の経過とともに節税効果が生まれ始める**ということになります。

なお、上記の節税方法は「現金」で建物を建築した場合を前提としていますが、「借入」で建物を建築しても同様の効果があります。

借入はマイナスの資産として、全額を相続財産から差し引くことができるからです。

3 実際にあった本当にもったいない相続の話

第３章②で父親から現金４億7,000万円を相続し、１億500万円の相続税を支払った息子さんの話をさせていただきました。

この父親は、息子がお金に困らないようにとすべてを現預金で遺されたのですが一。

実はこの話には後日談があります。

息子さんはある大学病院の勤務医でした。

その息子さんは、父から譲り受けた現預金を使って自分の医院を設立し、開業されることにしたのです。

もし、その医院を父親が相続対策として設立、建てていれば、建物建築による節税効果等により**１億円超支払った相続税は半分以下で済みました。**

父親は、子どもにお金で苦労させたくないからと、相続財産のすべてを現預金で遺されましたが、息子さんは内心、財産よりも開業医としての成功を夢見ていたのです。

よくある本当にもったいない話

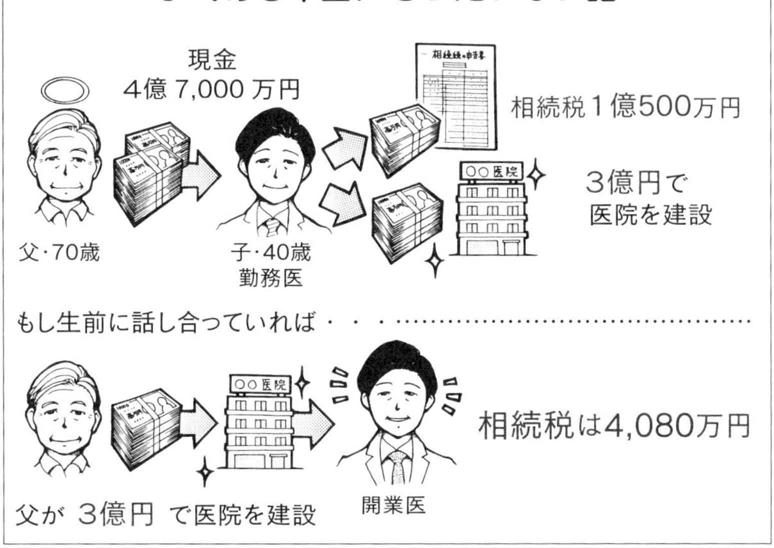

私が、相続対策で最も大事な第一歩は「親子の話し合い」だと言う理由がここにあります。
もし、この親子が相続についてお互いの考えをしっかり話し合っていれば、全く違う結果になったかもしれません……。

医院建築のタイムテーブルを相続「後」から相続「前」にずらすだけで、１億円の相続税は半分以下で済んだのです。

息子さんは節税により浮いたお金を、開業後の運転資金に充てることもできたでしょう。
また、お父さんも息子さんの開業医として成功する姿を生前に見られたほうがよかったのではないか……というように私には思えてなりません。

4 実際に提案して成功した相続対策の実例

平成25年に、ある方から相談を受けました。

「先生、父の相続で相続税がどの程度発生するかは、よくわかりました。では、もっと**具体的に**どう行動すればいいか教えてください。」

そこで私はその相談者の方と車に乗り、父親の相続財産となる不動産をすべて一緒に見て回りました。
そこで**「ある物件」**が目に留まったのです。

その物件はかなり老朽化していて、近隣から「撤去してほしい」と苦情があるような建物でした。

当然、入居者はいません。

相談者に、**「この建物、相続で引き継いだ後どうされるおつもりですか？」**と尋ねたところ**「将来的には賃貸住宅に建て替えるつもりだ」**とのこと。

だったら今、相続対策として建て替えましょう、という話になり、4,782万円で賃貸住宅を建て替えました。

以下実際の数字です。

	対策前	対策後	評価減
相続財産評価	4,782万円（現金）	1,187万円（賃貸住宅）※1	3,595万円
	3,820万円（敷地）	3,056万円（敷地）※2	764万円
合　計			4,359万円

※1　翌年の固定資産税評価× 0.7
※2　3,820万円（更地）× 0.8

実際、この翌年お父様のご相続があり、相続税の申告書を作成したところ、この節税対策による効果が約1,308万円であったことが判明しました。

【実例】賃貸住宅建築による節税効果は？

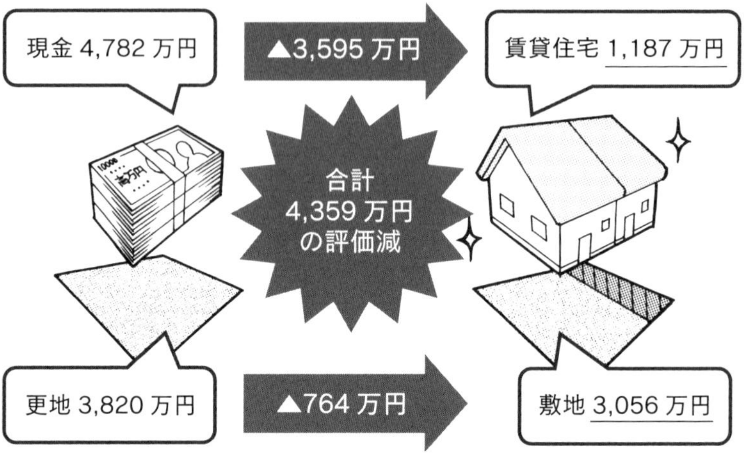

1,308 万円の相続税が節税!!

賃貸住宅の建築は投資です。

投資にはリスクがあります。

20年後、30年後も満室という保証はありません。

そして、そのリスクは、賃貸住宅を引き継いだ相続人が負うことになります。

一方、賃貸住宅の建築には、上記のような節税効果もあります。相続税は現金一括払いですから、相続税を支払う方にとっては、**相続税の節税分、現金が残る**こととなります。

その意味では、相続人にとって、**不動産投資の一部は不動産による節税効果で回収できる**という考え方もできます。

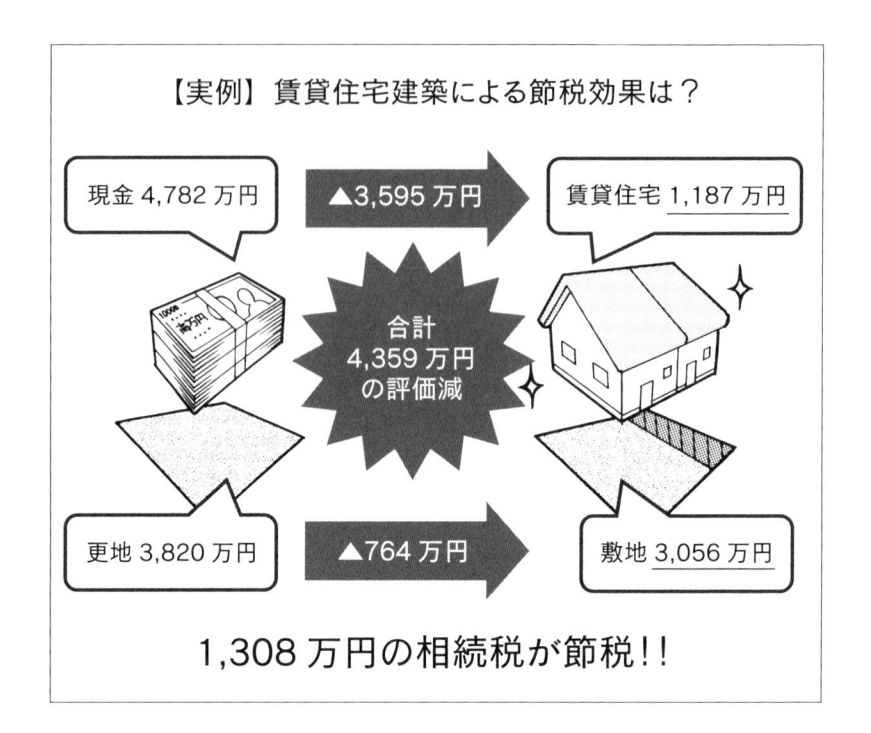

上記の例で言うと、建築費は4,782万円かかったけど、そのうち1,308万円は節税効果で回収した。
だから実質3,474万円（4,782万円－1,308万円）の投資だったといえます。
この物件は年間360万円の家賃収入を上げていますので、節税後の表面利回りは10%（360万円÷3,474万円）を超えることとなります。

このように、建築費から相続税の節税効果を差し引いて表面利回りを計算し、10%を超えるようなら投資リスクは「相当低い」と言えます（この節税後投資利回りに対する考え方は**第10章**で詳しく解説します）。
なぜそれほどの利回りで投資できるのか、それは「相続税の節税効果があるから」に他なりません。
相続税が発生する人は、「相続税の節税分」の投資リスクが減るのです。

5 小規模宅地の特例を使った節税策【応用編】

「こんなに税金がかかるんですか……
相続税の支払いのために畑を売るしかないですね……」

相続税のシミュレーションを見ながら、Aさんはつぶやきました。

Aさんの資産構成等は以下の通りです。

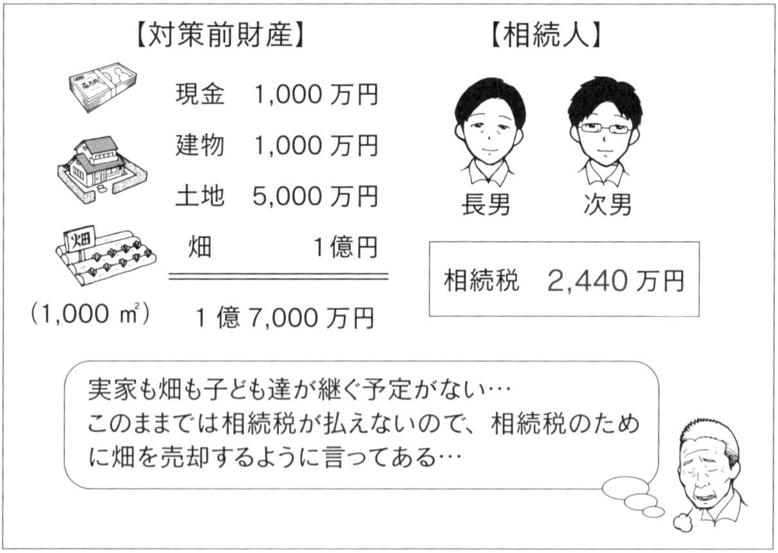

問題は、実家も畑も子どもたちが引き継がないという点にあります。

・実家を引き継がない場合、居住用の小規模宅地の特例の適用はありません。

・農業を引き継がない場合、農地は宅地並みで課税されます。

典型的な土地活用の相続税対策だと、「将来売却する畑を宅地造成して、賃貸住宅を建てませんか？」という事になると思います。

しかし、この地域はすでに賃貸住宅が乱立しており、しかも郊外なので、将来の収益性に不安が残ります……。

このようなパターンは、非常に多いのではないでしょうか。

そこで、この方に私が提案したのが**「資産の組換え」**です。

① まず、畑を１億円で売却します。20%は譲渡所得税等が課せられるので、手取りは8,000万円となります。

② その8,000万円で市内の土地（200㎡）を購入します。

③ １億円の借り入れでその土地の上に賃貸住宅を建築します。

対策・郊外の畑を売却し市内で土地を購入

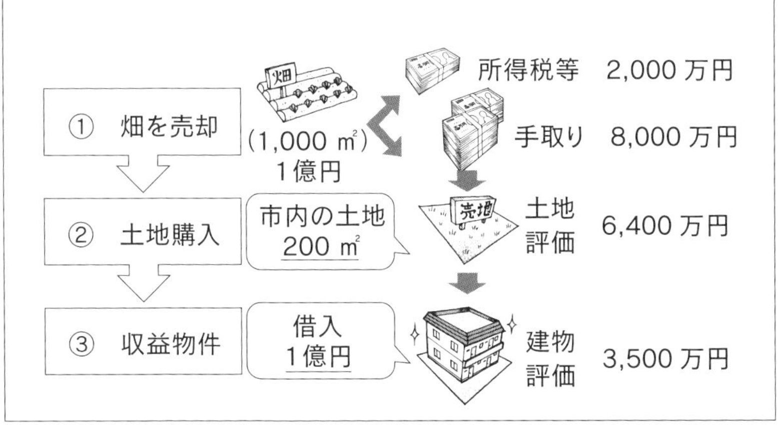

この対策により、資産構成は以下のようになります。

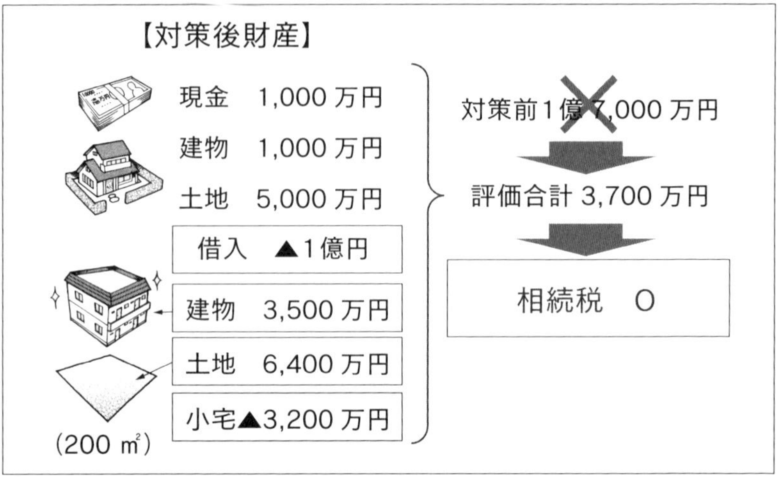

この対策のポイントは、小規模宅地等の特例を最大限活用できるようにしたことです。

賃貸住宅の敷地は小規模宅地等の特例により**200㎡まで50%が評価減**されます。よって、6,400万円の土地は最終的に50%相当の3,200万円が課税対象となります。

郊外の1,000㎡の畑を市内の200㎡の土地に買い換え、市内で賃貸住宅を経営することで、2,440万円発生するはずの相続税は0となりました。

郊外より市内のほうが将来にわたり収益の安定性が見込まれますし、管理運用面でも効率的です。

不動産活用による相続税の節税対策は、このように超長期的な目線が必要です。

その不動産を引き継いだ次世代が、相続後20年、30年後の不動産経営に成功して初めて、「その相続税対策は成功した」と言い切れるからです。

6 次世代目線がキーワード

「次世代目線で必要な資産はありませんか？」

相続対策でいつも私が口にする言葉です。

築60年の老朽化した貸家や実家……

相続で受け継いだ子どもたちは、その建物をどうするのでしょうか。

一度、親子で話し合ってみてください。

そして、もし建替えしたり売却したりするつもりがあれば、相続税対策としてそれを実行してください。

相続税は劇的に変わるでしょう。

「不動産の活用」というと、いかにも大胆で新たなことをするような気になり、リスクを感じますが、**将来すべきことや将来したいことを、相続税対策として前倒しして実行する。**

そこにリスクは存在しません。

不動産に相続税を下げる劇的な効果があるにもかかわらず、不動産活用に消極的なイメージがあるのは、そこにリスクを感じるからではないでしょうか。リスクと相続税をともに最小限にするために、どのように立ち回ればいいのか、そのキーワードは「次世代目線」にありそうです。

Column

¥¥¥

本当のお金持ちとは

「よう使わんわ……」

５年前、Ａさんはつぶやきました。

Ａさんは65歳、わずかな年金で暮らしていましたが、突然親から５億円の相続財産を引き継いだのです。

その５億円はすべて現預金で、いまだに手を付けられずにいます。

Ａさんの暮らしぶりはほとんど変わっていません。

一方、不動産投資が趣味のようなＢ社長がいらっしゃいます。

Ｂ社長は５億円の不動産を運用し、毎年3,500万円の不動産収入があり、税金や借入の返済を差し引いても1,000万円以上が手元に残ります。

Ｂ社長は毎週趣味のゴルフを楽しみ、海外旅行にも頻繁に出かけます。

ＡさんもＢ社長も実際に私の周りにいる方です。

どちらが幸せかはわかりませんが、一つ言えるのはストックよりフローのほうが、人はお金を使いやすいということです。

（Ａさん・ストック）

お風呂場の浴槽にたまっている水があります。これを風呂桶ですくって使っていると、だんだん**減ってしまいます**。

¥¥¥

(B社長・フロー)

湧き出る温泉の源泉があります。浴槽からあふれ出る水をいくら使っても浴槽の水の量はいつも満水で**減ることはありません**。

どうも人間は「減る」ということに抵抗があるようです。

しかし、Aさんに今相続が起こると、相続税は1億円以上発生し、財産はかなり「減ります」。

B社長は資産もありますが、借金もあり、今相続が起こっても相続税は発生しません。

そして、相続後20年もすれば借金は完済され、資産だけが残るようになっています。

瞬間的に今を切り取れば財産価値は同じように見えますが、子々孫々、財産を減らさずに受け継いでいくためには、長い目でみた戦略が必要なのではないでしょうか。

第6章

所得税も相続税も節税できる
不動産管理会社を作ろう

不動産経営をされている人なら１度は耳にしたことがある「不動産管理会社」という言葉。聞いたことはあるけれど、実際どんなメリット・デメリットがあるのかを説明できる人は少ないのでは？この章では「不動産管理会社」について徹底解剖します。

1 よく聞く「不動産管理会社」って何？

父さん、隣の山田さん家の表札に「株式会社山田不動産」ってかかっていたけど、山田さん、事業でも始めたのかな？

山田さん、駅前にマンション持ってるだろ、そのマンションを管理する会社らしいぞ

うちもアパートを経営してるけど、会社をつくったらいいことあるのかなぁ？

会社つくるってお前、大げさな（笑）

不動産を経営されている方なら、一度は「不動産管理会社」の噂は聞かれたことがあるのではないでしょうか。

しかし、「不動産管理会社」のメリットとデメリットを本当に理解されている方はあまりいません。

この章では、不動産管理会社を作って自分の不動産を法人に管理させると本当に得なのかを、一緒に見ていきましょう。

2 個人と法人どっちが得？

みなさん「累進税率」という言葉を聞かれたことがあると思います。

所得や資産が多いほど高い税率が課せられる税率構造のことで、所得税や相続税がその典型です。

それに対して、法人税は一定の税率が課せられ、所得（≒利益）が800万円以下だと20%ちょっとです。

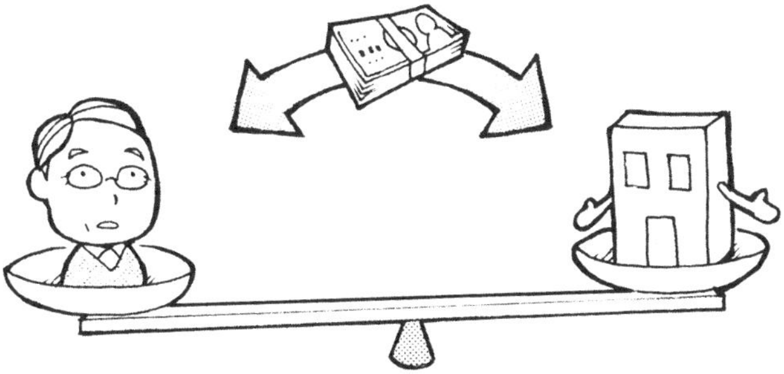

法人？ 個人？ どっちがお得？

そこで、個人で所得に対して20%以上税金を支払っている人は法人を設立したほうが得なのではないかという話が出てきます。

天秤の左側に「現在払っている税金」を置き、右側に「もし法人を設立した場合に発生する税金」を置くと、左と右のどちらに傾くかを考えることが、個人と法人のどちらが得かを考える第一歩でしょう。

3 不動産経営は経費が少ない

「所得税、高！」

不動産経営をされている方の中には、所得税の確定申告書を見て毎年そう思われている方も多いのではないでしょうか？

不動産収入に対する経費は「固定資産税」「減価償却費」「支払利息」「修繕費」がメインで、収入からそれらの経費を差し引いた「所得（利益）」に対して所得税が課せられます。

不動産所得に対する税金は所得税だけではなく、住民税や事業税、細かいことを言うと国民健康保険も変わってきます。

過去になんとか所得税を下げようと自分で自分に「報酬」の領収書を切っていた方がいてビックリしましたが、当然、これは経費として認められません。

しかし、法人を設立すれば、法人から自分に「報酬」を払わせることができます。

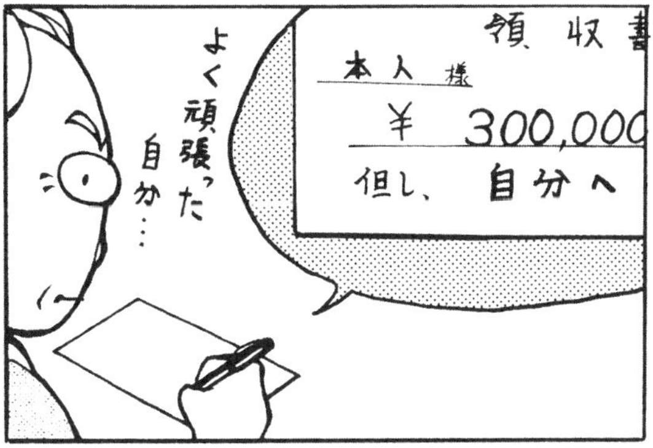

個人の場合、自分に報酬は払えない

4 個人経営から家族経営へ

法人を設立すれば、今まで自分ひとりで経営していた不動産を、家族みんなで経営することになります。

今までひとりで背負っていた「おみこし」を、家族みんなで背負うことになるイメージです。

前述のとおり、所得税は累進税率ですから、ひとりでおみこしを背負っていると負担が重くなりますが、みんなで背負うと軽くなります。

具体的にはどういうことか、ここからはビフォーアフターで解説します。

お父さんは「個人」でアパートを経営しています。

家賃収入は3,000万円、経費を差し引いた後の所得は1,000万円。

これに対して毎年**300万円**の所得税や住民税といった税金を支払っています。

お父さんは「法人」を設立して、その法人にアパートを売却。アパート売却後は法人が家賃収入3,000万円を受け、そこから経費を差し引いた後の所得は1,000万円。

ここまでは個人のときと同じですが、法人を設立したことで、お父さんとその家族に「役員報酬」を500万円支払うことができます。

法人に残った所得は500万円で、それに対する法人税は100万円。お父さんとその家族が役員報酬に対して支払う税金は合計で50万円。法人設立後の税負担は合計**150万円**と半分になりました。

大まかなイメージですが、法人で経営すれば「所得が分散できる」という節税メリットがあります。

5 不動産管理会社を設立するメリット

法人を設立すると、所得税等の節税だけではなく、相続の面でも以下のメリットがあります。

① 納税資金を「役員報酬」として相続人に移転できる。
② 建物を未収債権に変えて、毎年分割して贈与できる。
③ 相続の際、退職金の非課税制度を新たに利用できる。

それぞれについて詳しく見ていきましょう。

① 納税資金を「役員報酬」として相続人に移転できる。

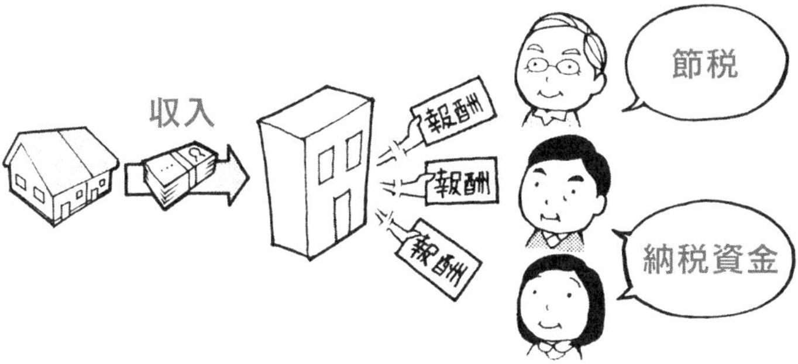

個人で収益物件を経営していると、その不動産所得に対して所得税が課せられ、残った財産は贈与等により相続人に無税または低い税率で移転しない限り、将来相続税の課税対象になってしまいます。

不動産管理会社にその収益物件を移転すれば、**財産の蓄積による相続税の発生を防止**することができます。

また、わざわざ贈与等しなくても**将来の納税資金を「役員報酬」として相続人に移転**しておくことができます。

※役員報酬は無制限で受け取れるわけでなく、勤務の内容等により制限があります。

② 建物を未収債権に変えて、毎年分割して贈与できる。

法人に収益物件（建物）を売却すると、その個人にはその売却代金をもらう権利（未収債権）が発生します。

１億円の建物を法人に売却すると、個人は１億円の建物が相続財産から減りますが、代わりに１億円の売却代金が未収債権として発生しますので、法人を設立した時点では相続税の節税効果はありません。

しかし、１億円の建物が１億円の未収債権に変わると毎年気軽に贈与していくことができます。

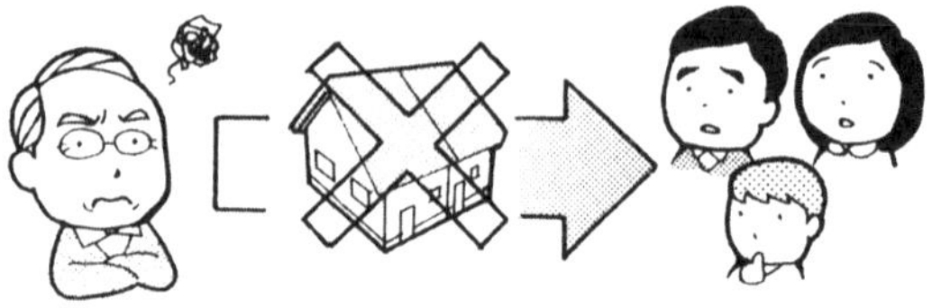

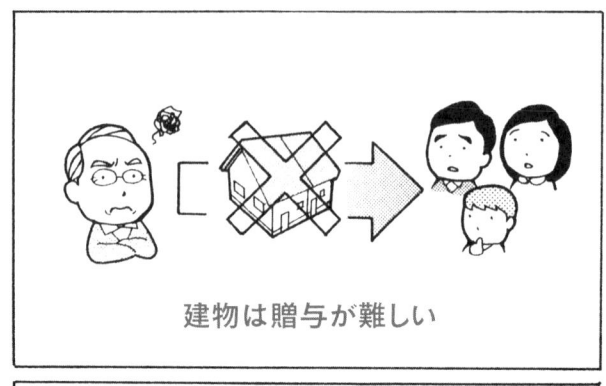

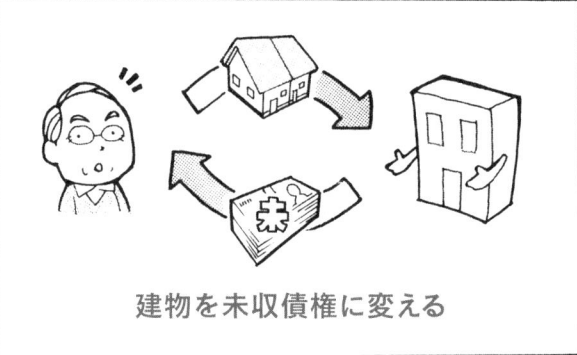

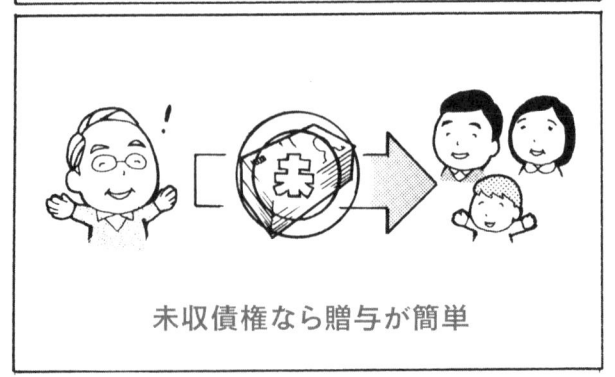

建物は贈与が難しい

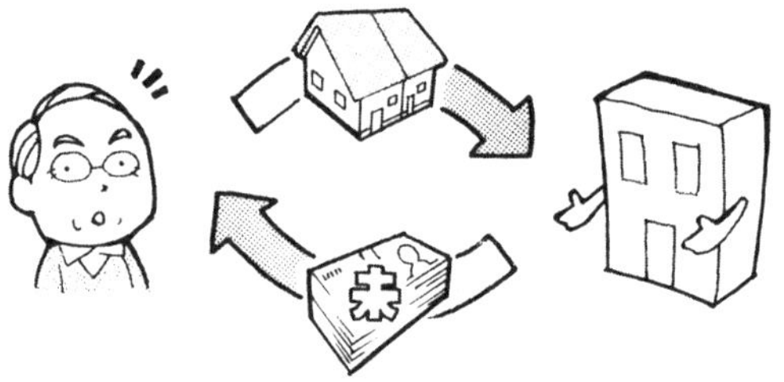

建物を未収債権に変える

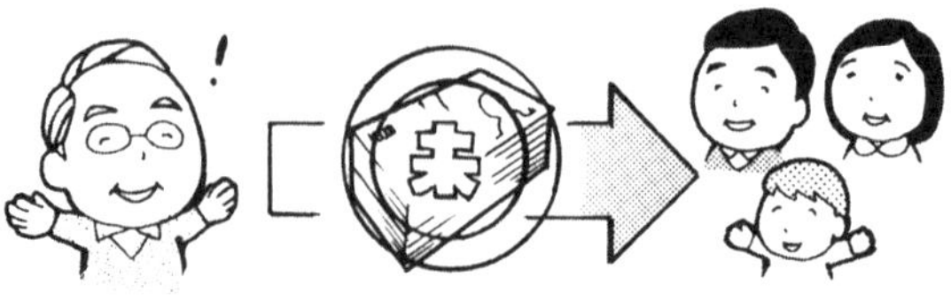

未収債権なら贈与が簡単

建物を贈与しようと思うとそのたびに登記が必要ですし、数人の相続人に贈与すると共有になってしまうため、普通は行いません。

それに対し、未収債権の贈与ならたくさんの相続人に対し簡単に一気に贈与できるようになります。硬い石がサラサラの砂に変わって分けやすくなるイメージです。

法人を設立することで建物という固定資産（石）を未収債権という流動資産（砂）に変えることができるのです。

ここでよく「売却代金は銀行で借入してでも払わないとダメ」と勘違いされている方がいらっしゃいますが、そんなことはありません。

個人からすると「いつか返してね」、法人からすると「いつか返すね」という未収・未払いの関係でＯＫです。

むしろ、未収債権という「権利の贈与」なら教育上よくない等の理由で「金銭の贈与」をためらっていた相続人への暦年贈与もしやすくなります。

③ 相続の際、退職金の非課税制度を新たに利用できる。

生命保険が「500万円×相続人の数」まで非課税（39ページ参照）なのはみなさんご存知だと思いますし、多くの方が利用されているのではないでしょうか。

一方、**死亡退職金も生命保険金と同じく「500万円×相続人の数」まで非課税**なのはご存知でしょうか。

相続までばりばり現役で働いている人は少ないのであまり利用されていないこの制度、法人を設立すれば、自分で設立した法人から自分に「退職金」を支払うことができます。

相続人が４人の場合、死亡退職金として会社から相続人に2,000万円を支払っても、もらった相続人に相続税が課税されることはありません。
相続人はそのお金を納税資金に充てることができますし、支払った会社はその2,000万円の退職金を全額「経費」として計上することができます。

ただし、支払える退職金の金額は勤続年数や最終月額報酬、役職によって決まってきますので、無制限に支払えるわけではありません。この点は後述します。

6 不動産管理会社を設立するデメリット

いいことばかり書きましたが、法人を設立するとデメリットもあります。

① 法人設立時に登録免許税や司法書士の手数料がかかる

法人設立の際、登録免許税等が20万円、司法書士への手数料が10万円程度かかります。

登記は自分ですることもできますが、司法書士に頼むと印紙代が４万円免除されるので、手間を考え専門家に依頼される方がほとんどです。

② 移転時に不動産取得税や登録免許税が発生する

法人に建物を売却する際、その建物の固定資産税評価額の３～４％が不動産取得税として、２％が登録免許税として課せられます。

固定資産税評価額が１億円の場合、500万円から600万円ですから馬鹿にならない金額です。

③ 税理士費用が発生する

法人税の申告は個人の申告と違い、かなり複雑で自分でされる方はほとんどいません。

税理士に申告を頼まざるを得ず、法人の申告を依頼すると、通常30万円から40万円程度の費用が毎年発生します。

これらのデメリットとメリットを秤にかけて、メリットのほうが大きければ法人化を検討するということになります。

毎年100万円以上節税できる人は①～③のデメリットを考えてもおつりがくるので、メリットのほうが大きくなるでしょう。一概に言えませんが、家賃収入1,500万円（年）くらいがボーダーラインではないでしょうか。

7 法人設立から相続発生時までの流れ

これまで法人のメリットとデメリットについて説明してきましたが、法人設立から相続までの流れを時系列でみていきたいと思います。

① 法人の設立

設立から相続までの流れ

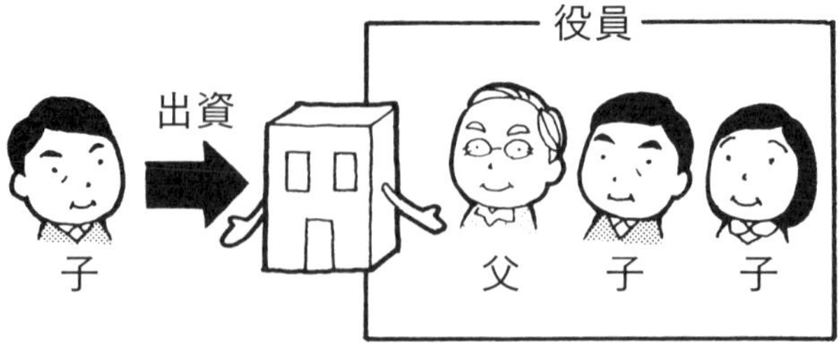

まず、法人を設立します。その際30万円程度設立費用が発生します。

早ければ２週間程度で登記は完了します。

登記する際、会社名や決算期など様々なことを決定しますが、将来のことも考えて特に注意しなければいけないのが「役員」と「出資者」です。

（1）役　員

代表取締役には、相続対策をすべき人（ここでは「お父さん」とします）になってもらいましょう。

理由は将来受け取れる退職金の額が「役職」によって異なるからです。

代表取締役は一番偉い人なので、一番多くの退職金を受け取ることができます。

相続の際、退職金の非課税枠を使い余さないように、代表取締役にはお父さんになってもらいましょう。

ただ、代表取締役は１人でなくても、お父さんと息子さんのダブル代表でも構いません。

（2）株　主

株式が好きな方はイメージしやすいかもしれませんが、会社の所有者は「株主」です。

会社にはじめに出資した人が株主となります。

この**出資は必ず相続人が行いましょう**。

お父さんが株主になってしまうと、その株式が将来相続財産になってしまいます。

そうなると、その株式を相続対策で移転する必要が出てくるので、初めから相続人が株主になっておきましょう。

今は１円から株式会社を設立できますが、１円だとかっこ悪いので100万円とか300万円といった資本金が多いようです。

また1,000万円を超えると、課税額が変わるので普通はしません。

② 不動産売却

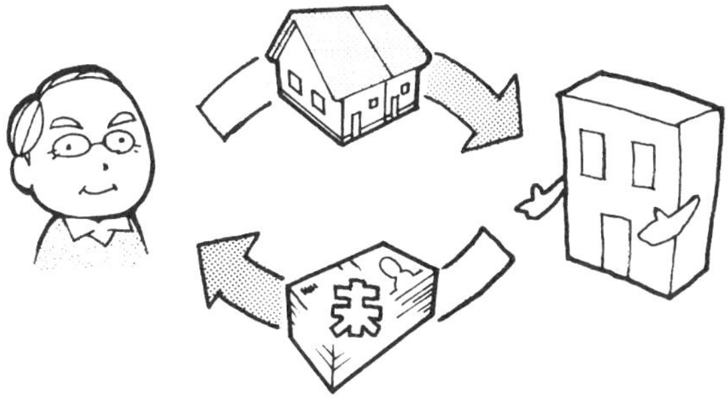

晴れて法人が設立できれば、次は法人に収益物件（建物）を移行します。

よく「土地は売却しないのですか」と聞かれますが、ほとんどの場合、土地は先祖代々引き継いだものです。先祖代々の土地を売却すると、タダでもらったものが売れて丸儲けだという扱いになり、所得税等が売値（時価）の２割近く取られてしまいます。

よって普通、土地は売却しません。

一方、建物は建築した値段があるので、建築した費用から減価償却費を引いた未償却残高（所得税の確定申告書に記載があります）で売却すれば所得税等はかかりません。

このとき建物の固定資産税評価額に対し不動産取得税や登録免許税が５～６％発生します。

※土地が個人で建物が法人となる場合、借地権に対する課税を避けるため「土地の無償返還に関する届出」が必要となります。

③ 役員報酬の支払い

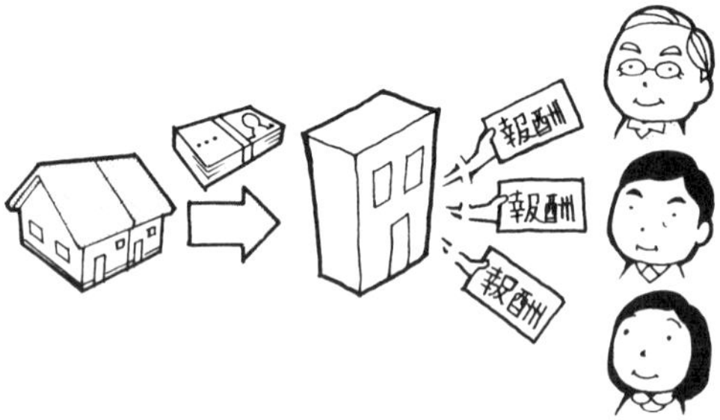

建物の所有権が移った後は「法人が」家賃収入を受け、固定資産税や修繕費等の支払いも法人が行うこととなります。

残った利益から、**お父さんとその家族に対し毎月役員報酬を支払い**ます。

これが新たな経費となります（役員報酬は決算後３月以内に金額を決定せねばならず、一度決めたら次の決算まで変更はできません）。

④ 未収債権の贈与

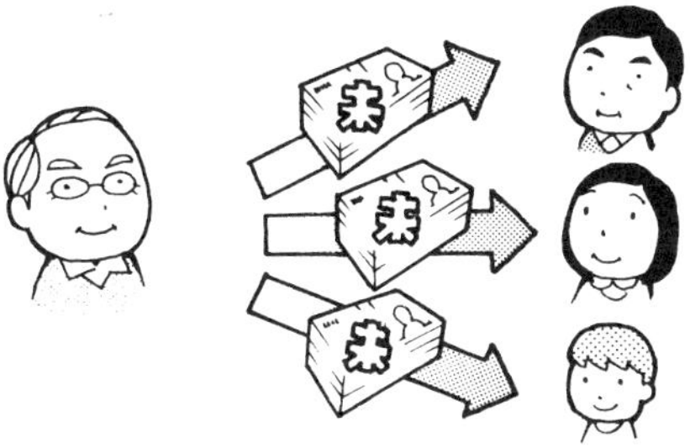

お父さんは建物の売却代金を今後、法人からもらう権利があります。

この未収債権という権利をそのままにしておくと、将来、相続財産として課税されますので、**毎年、子や孫に対して未収債権を贈与**していきます。

贈与は１年間110万円まで非課税ですから、子や孫が10人いれば年間1,100万円、10年で１億円以上を無税で移転できます。

建物の贈与は10人に対して行えるものではありませんが、法人に建物を売却することで、建物という固定資産（石）が売却代金の未収債権という流動資産（砂）に変わり、贈与しやすくなるのです。

⑤ 退職金の支払い

お父さんに相続が起ったら、**法人は相続人に対しお父さんの死亡退職金と弔慰金を支払います。**

法人はその支払額を全額経費で落とすことができ、受け取った相続人は以下の金額まで非課税ですので、納税資金を効率的に確保し、相続後の法人税を大幅に節税できます。

・死亡退職金……500万円×相続人の数まで非課税
（相続人４人の場合　500万円×４人＝2,000万円）
・弔慰金……最終報酬月額の６か月分まで非課税
（最終報酬月額50万円の場合　50万円×６か月＝300万円）

ただし、死亡退職金は無制限で支給できるわけではなく、以下の範囲で支給するように定められています。

・最終報酬月額×勤続年数×功績倍率
（最終報酬月額50万円・勤続年数20年・代表取締役なら功績倍率2.0）
50万円×20年×2.0＝2,000万円

最終報酬月額や功績倍率は役職に大きな影響を受け、代表取締役が一番たくさん退職金を受け取ることができます。
ですから、お父さんには代表取締役になってもらっておいたほうがいいのです。

相続人の数によっては数千万円の収入が非課税で受け取れる「退職金」の非課税制度は、法人設立による大きなメリットと言えるでしょう。

8 実際の提案実例

今まで法人設立によるメリット・デメリット、実際の法人設立から相続までの流れを見てきましたが、ここで実際に私が提案した法人設立の実例を見てみましょう。

<u>鈴木父朗（仮名）様　法人設立提案</u>

平成28年4月18日

税理士法人　松岡会計事務所　松岡敏行

【法人設立前】 鈴木父朗様　個人⇒資料1

不動産所得	**1，859万円**	**家賃収入**	**3，314万円**
年金所得	63万円	年金収入	183万円
合計所得金額	1，922万円		
所得控除	139万円		
課税される金額	**1，783万円**		
所得税	444万円		
住民税	178万円		
合計負担額	**622万円**		

【法人設立】

① 相続人が出資した法人を設立

② 法人に「▲▲薬局の建物」を売却（売買金額は730万円・未償却残高）

③ 法人から役員全員（鈴木父朗様とその家族）に給料を支払う

【法人設立後】鈴木父朗様　個人⇒資料２

不動産所得	**１，４３８万円**
年金所得	６３万円
合計所得金額	１，５０１万円
所得控除	１３９万円
課税される金額	**１，３６２万円**
所得税	３０２万円
住民税	１３６万円
合計負担額	**４３８万円**

家賃収入	**２，７９３万円**
年金収入	１８３万円

上記のとおり、法人設立により鈴木父朗様としては所得税と住民税が年間１８４万円程度の節税ができます。別途法人税が発生しますが３０万円程度なので**年間１５０万円は節税可能**です。

また、法人設立の効果は所得税等の節税だけではありません。

【法人設立によるその他の効果】

- 法人から給与を得た場合、法人から相続人様に**死亡退職金を非課税で支払う**ことができ、その退職金は全額法人の経費になります。
- 鈴木父朗様が法人に売却した**売却代金（未収債権）は相続人様に、一斉に贈与していくことが可能**で、移転の費用もかかりません。
- 鈴木父朗様が受ける収入による財産の蓄積を防止することができます。

法人設立には以上のようなメリットもありますが、以下のデメリットもあります。

【法人設立によるデメリット】

- 法人の設立時**３０万円**ほどかかります。
- 法人に不動産を売却する際一時的に**４０万円**の不動産所得税等が発生します。
- 税理士報酬としてランニングコストが**年間３０万円**程度発生します。

【まとめ】

法人設立をするかどうかは、デメリットを上回るメリットがあるか否かで判断されればいいと思います。初期投資、７０万円とランニングコストが３０万円ほどかかりますが、**年間１５０万円節税できれば十分メリットがある**でしょう。

※上記シミュレーションはあくまで概算で法人設立の効果を計算したものです。

資料1 法人設立前の所得税の確定申告書

税務署長

28 年　月　日

平成 27 年分の 所得税及び復興特別所得税 の 確定 申告書B

住所又は事業所事務所居所など	〒	フリガナ	
		氏名	鈴木　父朗　㊞
		性別 男 ㊛	職業 / 屋号・雅号 / 世帯主の氏名 / 世帯主との続柄
平成28年1月1日の住所		生年月日	電話番号 自宅・勤務先・携帯

種類 青色（○） 分離 国出 損失 修正 特農の表示 特農 番号 ／ 翌年以降送付不要

（単位は円）

区分	項目	番号	金額
収入金額等	事業 営業等	㋐	
	事業 農業	㋑	
	不動産	㋒	33,140,000
	利子	㋓	
	配当	㋔	
	給与	㋕	
	雑 公的年金等	㋖	
	雑 その他	㋗	630,000
	総合譲渡 短期	㋘	
	総合譲渡 長期	㋙	
	一時	㋚	
所得金額	事業 営業等	①	
	事業 農業	②	
	不動産	③	18,590,000
	利子	④	
	配当	⑤	
	給与 区分	⑥	
	雑	⑦	630,000
	総合譲渡・一時 ㋘＋{(㋙＋㋚)×½}	⑧	
	合計	⑨	19,220,000
所得から差し引かれる金額	雑損控除	⑩	
	医療費控除	⑪	
	社会保険料控除	⑫	1,010,000
	小規模企業共済等掛金控除	⑬	
	生命保険料控除	⑭	
	地震保険料控除	⑮	
	寄附金控除	⑯	
	寡婦、寡夫控除	⑱	0000
	勤労学生、障害者控除	⑲～⑳	0000
	配偶者(特別)控除 区分	㉑～㉒	0000
	扶養控除	㉓	0000
	基礎控除	㉔	380,000
	合計	㉕	1,390,000

区分	項目	番号	金額
税金の計算	課税される所得金額 (⑨－㉕)又は第三表	㉖	17,830,000
	上の㉖に対する税額又は第三表の㊱	㉗	4,347,900
	配当控除	㉘	
	区分	㉙	
	(特定増改築等)住宅借入金等特別控除 区分	㉚	
	政党等寄附金等特別控除	㉛～㉝	
	住宅耐震改修特別控除 住宅特定改修・認定住宅新築等特別税額控除 区分	㉟～㊲	
	差引所得税額 (㉗－㉘－㉙－㉚－㉛－㉜－㉝－㉞－㉟－㊲)	㊳	4,347,900
	災害減免額	㊴	
	再差引所得税額(基準所得税額) (㊳－㊴)	㊵	4,347,900
	復興特別所得税額 (㊵×2.1%)	㊶	91,305
	所得税及び復興特別所得税の額 (㊵＋㊶)	㊷	4,439,205
	外国税額控除 区分	㊸	
	所得税及び復興特別所得税の源泉徴収税額	㊹	
	所得税及び復興特別所得税の申告納税額 (㊷－㊸－㊹)	㊺	4,439,200
	所得税及び復興特別所得税の予定納税額(第1期分・第2期分)	㊻	
	所得税及び復興特別所得税の第3期分の税額 (㊺－㊻) 納める税金	㊼	4,439,200
	還付される税金	㊽	△
その他	配偶者の合計所得金額	㊾	
	専従者給与(控除)額の合計額	㊿	
	青色申告特別控除額	51	
	雑所得・一時所得等の所得税及び復興特別所得税の源泉徴収税額の合計額	52	
	未納付の所得税及び復興特別所得税の源泉徴収税額	53	
	本年分で差し引く繰越損失額	54	
	平均課税対象金額	55	
	変動・臨時所得金額 区分	56	
延納の届出	申告期限までに納付する金額	57	00
	延納届出額	58	000

← 復興特別所得税額の記入をお忘れなく。

還付される税金の受取場所：銀行 金庫・組合 農協・漁協／本店・支店 出張所 本所・支所／郵便局名等／預金種類 普通 当座 納税準備 貯蓄／口座番号 記号番号

税理士署名押印 電話番号　税理士法人 松岡会計事務所　税理士　松岡　敏行　㊞　072 — 994 — 7605

税理士法第30条の書面提出有 □　税理士法第33条の2の書面提出有 □

○ 収受事実を確認されたい方は、収受日付印を押なつしますので、申告書提出時に請求してください（内容を証明するものではありません。）。
※ 所得金額の証明が必要な方は、納税証明書をご利用ください。
○ この申告書を提出される方は、住民税・事業税の申告書を提出する必要がありません。

第一表 ○この用紙は控用です。

資料2　法人設立後の所得税の確定申告書

税務署長
28 年　月　日

平成 27 年分の 所得税及び復興特別所得税 の 確定 申告書B

住所 又は 事業所 事務所 居所など	〒　－
平成28年1月1日の住所	
フリガナ	
氏名	鈴木　父朗　㊞
性別	男 ㊛
職業	
屋号・雅号	
世帯主の氏名	
世帯主との続柄	
生年月日	.　.
電話番号	自宅・勤務先・携帯　－　－

控

種類	青色	分離	国出	損失	修正	特農の表示	特農	番号	翌年以降送付不要

（単位は円）

収入金額等

事業	営業等	㋐	
事業	農業	㋑	
不動産		㋒	27930000
利子		㋓	
配当		㋔	
給与		㋕	
雑	公的年金等	㋖	
雑	その他	㋗	630000
総合譲渡	短期	㋘	
総合譲渡	長期	㋙	
一時		㋚	

所得金額

事業	営業等	①	
事業	農業	②	
不動産		③	14380000
利子		④	
配当		⑤	
給与	区分	⑥	
雑		⑦	630000
総合譲渡・一時 ㋘＋{(㋙＋㋚)×1/2}		⑧	
合計		⑨	15010000

所得から差し引かれる金額

雑損控除	⑩	
医療費控除	⑪	
社会保険料控除	⑫	1010000
小規模企業共済等掛金控除	⑬	
生命保険料控除	⑭	
地震保険料控除	⑮	
寄附金控除	⑯	
寡婦、寡夫控除	⑱	0000
勤労学生、障害者控除	⑲～⑳	0000
配偶者(特別)控除　区分	㉑～㉒	0000
扶養控除	㉓	0000
基礎控除	㉔	380000
合計	㉕	1390000

税金の計算

課税される所得金額（⑨－㉕）又は第三表	㉖	13620000
上の㉖に対する税額又は第三表の㊽	㉗	2958600
配当控除	㉘	
区分	㉙	
（特定増改築等）住宅借入金等特別控除　区分	㉚	
政党等寄附金等特別控除	㉛～㉝	
住宅耐震改修特別控除 住宅特定改修・認定住宅新築等特別税額控除　区分	㉟～㊲	
差引所得税額（㉗－㉘－㉙－㉚－㉛－㉜－㉝－㉞－㉟－㊱－㊲）	㊳	2958600
災害減免額	㊴	
再差引所得税額（基準所得税額）（㊳－㊴）	㊵	2958600
復興特別所得税額（㊵×2.1％）	㊶	62130
所得税及び復興特別所得税の額（㊵＋㊶）	㊷	3020730
外国税額控除　区分	㊸	
所得税及び復興特別所得税の源泉徴収税額	㊹	
所得税及び復興特別所得税の申告納税額（㊷－㊸－㊹）	㊺	3020700
所得税及び復興特別所得税の予定納税額（第1期分・第2期分）	㊻	
所得税及び復興特別所得税の第3期分の税額（㊺－㊻）　納める税金	㊼	3020700
所得税及び復興特別所得税の第3期分の税額（㊺－㊻）　還付される税金	㊽	△

←復興特別所得税額の記入をお忘れなく。

その他

配偶者の合計所得金額	㊾	
専従者給与(控除)額の合計額	㊿	
青色申告特別控除額	51	
雑所得・一時所得等の所得税及び復興特別所得税の源泉徴収税額の合計額	52	
未納付の所得税及び復興特別所得税の源泉徴収税額	53	
本年分で差し引く繰越損失額	54	
平均課税対象金額	55	
変動・臨時所得金額　区分	56	

延納の届出

申告期限までに納付する金額	57	00
延納届出額	58	000

還付される税金の受取場所

	銀行 金庫・組合 農協・漁協		本店・支店 出張所 本所・支所
郵便局名等		預金種類	普通　当座　納税準備　貯蓄
口座番号 記号番号			

第一表　○この用紙は控用です。

○　収受事実を確認されたい方は、収受日付印を押なつしますので、申告書提出時に請求してください（内容を証明するものではありません。）。
※　所得金額の証明が必要な方は、納税証明書をご利用ください。
○　この申告書を提出される方は、住民税・事業税の申告書を提出する必要がありません。

（税理士署名押印 電話番号　税理士法人　松岡会計事務所　税理士　松岡　敏行　㊞　072 － 994 － 7605）

税理士法第30条の書面提出有		税理士法第33条の2の書面提出有	

資料1 法人設立前の住民税

区分			課税標準額	市町村民税	都道府県民税	合計
所得割	総合課税の所得	1	17,880,000	税率 6.000 % 1,072,800	税率 4.000 % 715,200	1,788,000
	短期譲渡	2				
	長期譲渡	3				
	株式等の譲渡	4				
	上場株式等の配当	5				
	先物取引	6				
	山林	7				
	退職	8				
	計	9	17,880,000	1,072,800	715,200	1,788,000
	調整控除額	10		1,500	1,000	2,500
	配当控除額	11				
	住宅借入金等特別税額控除	12				
	寄附金関係	ふるさと納税分:特例控除適用率(地方税法37条の2②、附則5条の5①)				%
	寄附金関係 所得割額控除額	13				
	外国税額控除額	14				
	免税額	15				
	災害減免額	16				
	差引所得割額	17		1,071,300	714,200	1,785,500
均等割		18				
配当割額控除額		19				
株式等譲渡所得割額控除額		20				
合計		21		1,071,300	714,200	1,785,500

資料2 法人設立後の住民税

区分			課税標準額	市町村民税	都道府県民税	合計
所得割	総合課税の所得	1	13,670,000	税率 6.000 % 820,200	税率 4.000 % 546,800	1,367,000
	短期譲渡	2				
	長期譲渡	3				
	株式等の譲渡	4				
	上場株式等の配当	5				
	先物取引	6				
	山林	7				
	退職	8				
	計	9	13,670,000	820,200	546,800	1,367,000
	調整控除額	10		1,500	1,000	2,500
	配当控除額	11				
	住宅借入金等特別税額控除	12				
	寄附金関係	ふるさと納税分:特例控除適用率(地方税法37条の2②、附則5条の5①)				%
	寄附金関係 所得割額控除額	13				
	外国税額控除額	14				
	免税額	15				
	災害減免額	16				
	差引所得割額	17		818,700	545,800	1,364,500
均等割		18				
配当割額控除額		19				
株式等譲渡所得割額控除額		20				
合計		21		818,700	545,800	1,364,500

所得税と住民税は年間150万円節税できる。

この提案は、実際に相談に来られた方に対して私が行ったアドバイスです。

わざわざ法人を設立してメリットがあるのかどうかは、相続税がいくらかかるのかや、資産の内容などによって千差万別です。

実務的には、上記提案書のように一度綿密なシミュレーションをして、明らかにメリットのほうがデメリットを上回るようであれば、法人設立を検討することとなります。

9 法人設立は意外と簡単

この章では、法人設立について詳しく見てきました。

法人の設立には細かな注意点も多く、ほかの章に比べると難しく感じたかもしれません。

しかし、法人設立といっても難しいことは司法書士や税理士といった専門家がしてくれるので「案ずるより産むがやすし」。

やってみると意外と簡単だったという声をよく聞きます。

自分に合った相続対策を見つけるためにはまずより多くの選択肢を持つことが大切。

不動産オーナーの方は、法人設立も一つの選択肢だと言えるでしょう。

案ずるより産むが易し

Column

“争族”を防ぐ生前分割のススメ

「今まで病院にも顔出さなかったのに、こんなときだけ権利を主張するのか！」

相続財産の遺産分割をする場面で何度もそのような喧嘩を見てきました。

遺影の前で家族喧嘩をする姿を見て、ふと思います。もしお父さんがこの場に蘇ってきたら同じように喧嘩をするのだろうか……。

「こら～！」と出てきてほしい気持ちになります。

一般的に「お父さんの相続のときはあまりもめない」と言われます。理由は「お母さん」がいるから。

もめるのはお母さんのとき、相続人が子供同士となり対等な立場になったときに“争族”は発生します。

数々の争族を見てきて思うのは「遺産分割は生前に終わらせておいたほうがいい」ということ。

その点、法人設立は意外な効果を発揮します。

お父さんは長男には収益物件を、長女には現金を相続させたいと考えています。

収益物件のほうが資産としての価値が高い場合、将来もめることも考えられます。

そんなときに、長男に会社を設立させ、その会社に収益物件を売却。

長女には不満がないように役員報酬等でフォローする。

そんな選択肢もあり得ます。

自分の目の黒いうちに大事な不動産は分割を終わらせておく、法人設立のそんな使い方も**「アリ」**ではないでしょうか。

第7章

国税庁がメス
これからどうなる？
タワーマンション節税

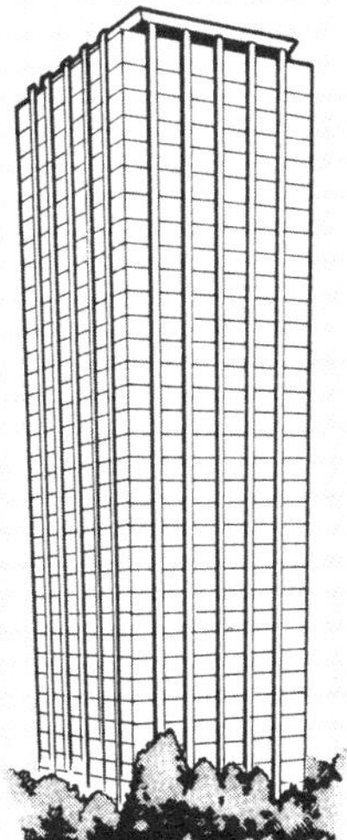

平成27年の相続税増税以降、タワーマンション節税が大流行し国税庁の怒りを買ったのをご存知ですか？
この章では国税庁と納税者の税をめぐる生々しいツバぜりあいから節税はどこまでＯＫなのか考えてみます。

1 やりすぎ節税にメス！どうなるタワマン節税……

「国税庁・タワーマンション節税にメス！」

最近、このようなニュースを耳にした方も多いのではないでしょうか。

平成27年に相続税が増税され、節税商品として注目を浴びたのが「タワーマンション」でした。
「１億円のタワーマンションが相続税の計算上、2,000万円で評価できますよ」というセールストークに、多くの人が節税対策としてタワーマンションの高層階を購入しました。

しかし、１億円で購入したタワーマンションを相続税の申告書上では2,000万円で評価し、「節税」という用の済んだタワーマンションを再び１億円近くで売却するケースが続出。
見かねた国税庁は、今後、タワーマンション節税が**「著しく課税の公平を歪める場合」、国税庁長官が独自に評価すると発表**しました。

2 国税庁VS納税者・実際にタワーマンション節税が争われた裁判例

　では、実際にタワーマンション節税を巡り国税庁と納税者が争った例を見てみましょう。

【概要】（東京不服審判所平成23年７月１日裁決）

➢ 平成19年７月
父が入院、危篤状態。

↓

➢ 同年８月
子Ａは父になりかわり
２億9,300万円でタワーマンション
の１室を購入。

↓

➢ 同年９月
父、死亡。

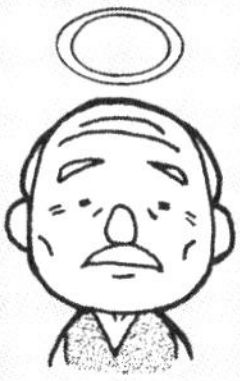

↓

➢ 平成20年７月
相続税の計算上、マンションを
5,802万円で評価し申告。

↓

➢ 同年７月
申告直後、マンション
を２億8,500万円で売却

【裁決】納税者敗訴

父親が入院し、亡くなる１月前に３億円近くでタワーマンションを購入。

相続税の計算上は**5,802万円（約20%）で評価**し、申告直後、再び３億円近くで売却……

世の中にはすごい人がいますね。

この裁決では

- **父は危篤状態で、子Ａが父になりかわってマンションを購入していたこと**
- **マンションの利用形跡はなく、相続税の節税だけを目的とした購入であったこと**
- **１年という短期間でほぼ同額で売り抜けたこと**

などがポイントとなり、相続税の計算上、**マンションの評価は購入価格と同様の２億9,300万円**とすべきという結果になりました。

もうひとつ裁判例を見てみましょう。

【概要】（東京地裁平成４年３月11日判決（平成２年（行ウ）第177号））

➢ 昭和62年10月

入院中の父の代理で相続人Ｂがマンションを７億5,850万円で購入（借入８億円）。

↓

➢ 同年12月

父、死亡。

↓

➢ 昭和63年

相続税の計算上、マンションを１億3,170万円で評価し申告。

↓

➢ 同年

相続人Ｂはマンションを７億7,400万円で売却、借入を完済。

【裁決】納税者敗訴

昭和63年というと、バブル真っ最中ですね。

７億5,850万円で購入したマンションを７億7,400万円で売却しておいて、相続税の計算上は**１億3,170万円（約17%）**の評価で申告しようというのは、さすがに虫が良すぎたようです。

この裁決では

- **購入の翌年に購入価格（７億5,850万円）を上回る７億7,400万円で売却していること**

- **借入利息（月480万円）の半額以下（月166万円）で売却先の業者に賃貸しており、相続税の節税目的の購入であることは明らかであること**

などがポイントとなり、相続税の計算上、マンションの評価は購入価格と同様の７億5,850万円とすべき、という結果になりました。

上記２つの裁判例に共通しているのは、「相続税節税のためだけにマンションを購入し、相続直後に売却している」という点です。

いずれも課税の公平を著しく歪めるとして、マンション本来の評価を適用せずに購入価格により評価するように判示されましたが、マンションの評価自体が違法だと言っているわけではありません。

では、なぜここまでタワーマンションの評価は低くなるのでしょうか。

3 タワーマンションが節税になる理由

例えば１戸100㎡・200戸建てのタワーマンションの場合、タワーマンション全体の評価（土地・建物）を単純に200戸で割ったものが、一戸あたりの評価となります。

すると、１階の北向き100㎡も高層階の南向き100㎡も同じ評価になります。

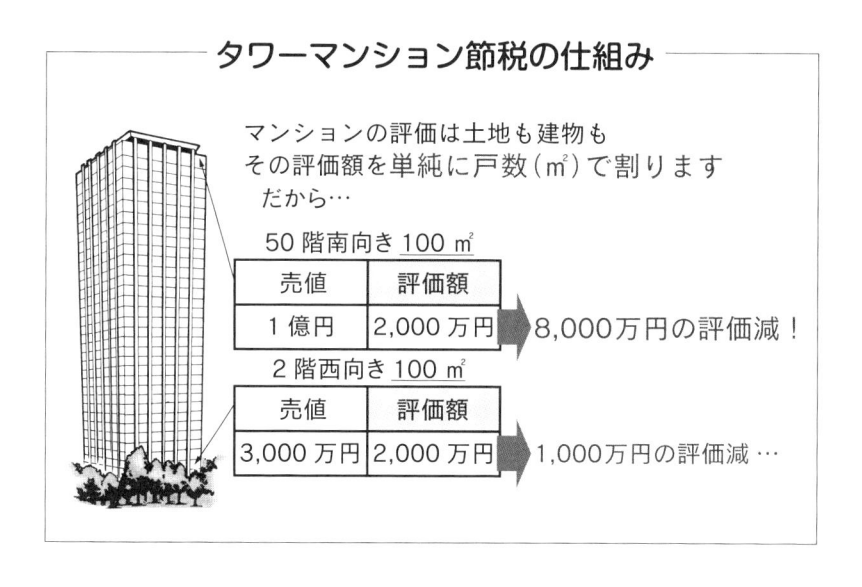

タワーマンション節税の仕組み

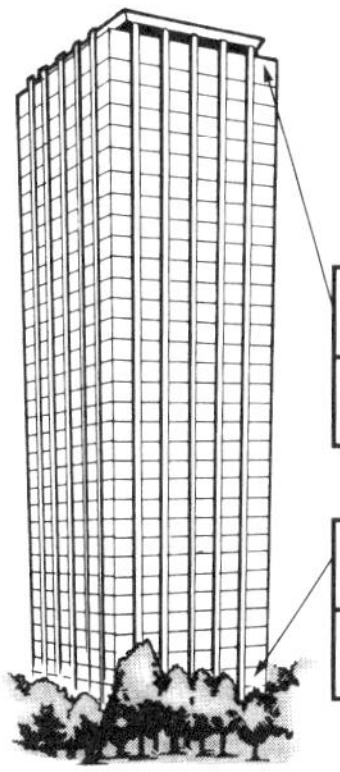

マンションの評価は土地も建物も
その評価額を単純に戸数（㎡）で割ります
だから…

50階南向き 100㎡

売値	評価額
１億円	2,000万円

→ 8,000万円の評価減！

２階西向き 100㎡

売値	評価額
3,000万円	2,000万円

→ 1,000万円の評価減…

財産評価の計算上、マンションの１室１室を個別に評価するわけにはいかないので、**「単純に㎡数で割る」**しかないのです。

相続税の計算における「評価額」は同じでも、実際の「購入価格」は高層階のほうが高いので、高層階ほど「評価額」と「購入価格」の差が開き、その差に比例して節税効果が生まれるというわけです。

国税庁が平成23年から25年に、タワーマンション343件の相続税評価額と市場価格とのかい離率をひそかに調査した結果が、以下の表です。

	平均値	最大値
かい離率	3.04	6.93

※平成23年～25年分の譲渡所得税の申告に係る20階建て以上のマンションを基に国税庁が調査した結果

最大で6.93、平均でも3.04倍のかい離率があるということは、相続財産をタワーマンションに変えると、最大で７分の１、平均でも３分の１まで評価を圧縮できるということとなります。

タワーマンションの市場は比較的安定しており、相続税申告で節税が済んだ後には購入価格を少し下回る程度か、場合によっては高く売れることもあります。

そこで財産評価の揚げ足を取るような「タワーマンション節税」が流行し、国税庁の怒りを買ったわけです。

④ もうタワーマンション節税は無効になるのか？

国税庁は平成30年にも、タワーマンションの評価方法自体を見直し、高層階ほど評価を引き上げる案を検討しています。

そこで、これでもう「タワマン節税」はできなくなるのか……というと、そういうわけではありません。

中高層のマンションについては、今後も評価減が可能でしょう。

ただ、高層階で時価の７分の１とか５分の１という極端な評価減は見直される可能性があります。

すでに「相続税の節税」を目的にトップハウスを購入された方は、今後は思ったほどの節税効果が見込めなくなるでしょう。

「1億円のトップハウスより5,000万円の中高層2部屋」

相続対策でマンション購入を考えられている方に、いつも言ってきたセリフです。

六本木ヒルズのような特殊な物件は例外として、普通はトップハウスの市場価格は中高層よりも下がりやすいものです。

億ションを買える人は、世の中にそうたくさんはいません。

一方、ファミリータイプのマンションはほしい人がたくさんいます。

ほしい人がたくさんいるほうが市場価格は下がりにくいのは、市場の原理から明らかです。

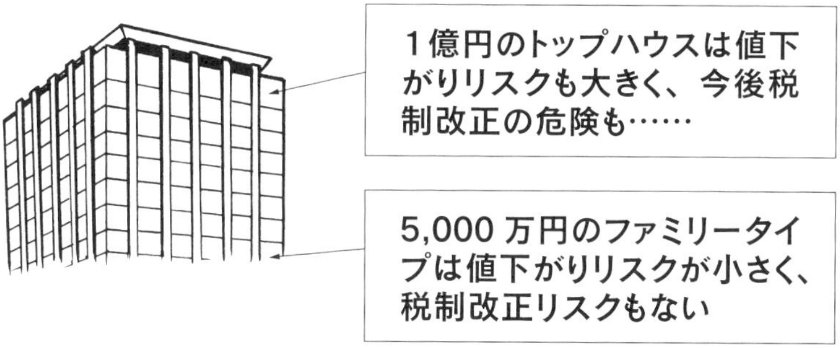
1億円のトップハウスは値下がりリスクも大きく、今後税制改正の危険も……
5,000万円のファミリータイプは値下がりリスクが小さく、税制改正リスクもない

「必ず相続後も利用形態を維持してください」

これもマンション節税で必ず添える一言です。

前述の裁判例でもあったように、**「明らかに相続税の節税だけを目的とした」**マンション購入は、税務上否認される可能性があります。

相続税申告後すぐに売却したり、空き室であったりすると危険です。

家族が相続の前から住み続け、相続後もその形態が維持されているとか、人に貸した状態が維持されているといった、「節税以外の正当な目的」が必要です。

そうでないと、10億円の相続財産をすべてタワーマンションに変えて２億円で申告、といった租税回避行為を認めることになりかねません。

本来の財産評価の趣旨から逸脱した行為には、税務署も当然厳しく対応してくることでしょう。

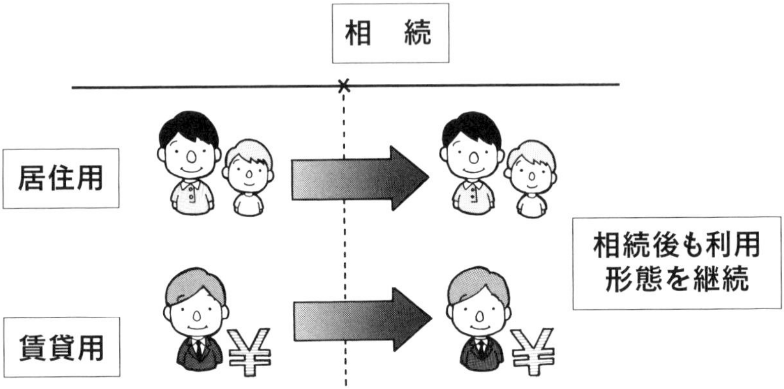

今、世の中は情報に溢れています。

あまりにおいしい話にはリスクがあることを、納税者自身が判断しなければならない時代なのかもしれません。

節税にウルトラＣはないのですから……。

Column

やりすぎ節税について

バブル期に、不動産を使った特殊な節税を封じるため、元国税庁企画官の品川芳宣氏が矢継ぎ早に行った通達が「品川通達」として恐れられたそうですが、今回のタワーマンション節税も、**「ある一線」**を越えたと言えます。

相続税法では、「財産評価基本通達」によって財産を評価するように定められています。

みんなが同じ方法により評価することで課税の公平は保たれているのです。

この財産評価基本通達には、細かい個別案件については書かれていません。

細かいことまで書いていたらきりがないからです。

今回のタワーマンション節税については、その財産評価基本通達の**「網」**の隙間を潜り抜けて、評価の裏をかいた節税方法だったと言えます。

そのような納税者と国税庁のいたちごっこは、過去何度も繰り返されてきました。

その度に、通達の抜け穴にはツギハギができ、税法が複雑化する一因になっています。

あまり極端な**「やりすぎ節税」**は、お上の怒りを買って封じられる危険性と隣り合わせだということを、納税者は知っておく必要があるでしょう。

「天網恢恢疎にして漏らさず」という言葉があります。

天の網は大きく広く、粗いが悪人を漏らすことはないという意味ですが、公平な課税を実現するための税法の理想は「天網恢恢疎にして漏らさず」にあると言えるでしょう。

第8章

相続税の現場から本当にあった税務調査のリアル

と、ある結婚式——
ワー!
ワー
おめでとう!
ぱち
ぱち
ぱち
ぱち

おめでとう、めぐみ…
おばあちゃん…

定期預金
めぐみ
あなたがいつか結婚した時
のために 毎年
おばあちゃんが貯めてきた
通帳 あなたにあげるわ…
ありがとう
おばあちゃん…
1,000,000
30,000,000
ええ!
こんなに!
トン
トン
パチ
パチ パチ
幸せになってね…

おばさん　それ　贈与税がかかりますよ
親戚
国税局勤務

贈与は渡したときに成立します

誰もが望んでいない税務調査。相続税の税務調査は申告件数の約30%、法人の３%に比べるとかなりの確率です。相続税の税務調査は、申告後１年以上じっくり下調べしてから行われるため、80%以上で財産漏れが指摘されるのも大きな特徴。最も指摘の多いのが「借名預金」や「借名株式」です。
では、調査官は何をもって「借名」と判断するのでしょうか？

1 税務調査で一番多いのは「借名預金」や「借名株式」

税務調査官

この定期預金は、お父さんの相続財産になります

なんでですか！？　それは私名義の定期預金ですよ！

相続人

これが税務調査で一番よく行われるやりとりです。
相続人からすると「自分名義」の預金や株式を相続財産として扱われるのは、心情的に納得いかない面もあるでしょう。

なぜ、家族名義の預金や株式（これを「借名預金」「借名株式」と言います）が相続財産となるのでしょうか……？
実は、**名義を変えただけでは「贈与」したことにならない**のです。

このあなた名義の預金は、贈与が成立していませんので“相続財産”です！

税務調査で調査官にそう言われないように、どうすれば正しく「贈与」できるのか、詳しく見ていきましょう。

2 本当にちゃんと贈与できていますか？

「自由にできて初めて贈与」

民法上、「贈与」は財産をもらった人が自由にできて初めて成立します。

例えば、孫の結婚資金をおばあちゃんが“こっそり”貯めていたとします。

毎年こつこつと非課税の範囲で100万円ずつ定期預金し、30歳で孫が結婚。

結婚式で「おめでとう」と言って3,000万円の定期預金を渡し、孫が「ありがとう！」と言ったその瞬間！

－贈与が成立し、その3,000万円の孫名義の預金に対し贈与税が発生するのです。

「自由にできて初めて贈与」というルールに基づくと、例えば、お父さんが子や孫名義の預金を相続の日まで金庫に入れていた場合、その預金は－

相続後に初めて自由にできることになった

↓

相続の時まで贈与は成立せず

↓

相続財産

となるのです。

相続財産ですので、仮に特定の相続人名義の預金でも相続人全員で分ける対象となり、争いの火種になる可能性もあります。

先生、これは私名義でお父さんが貯めていてくれたお金だから、相続財産に計上しなくていいわよね。

相続人

税理士

税務署が一番見ているのは、その借名預金ですよ。

このような会話はよくありますが、相続の税務調査で無駄な罰金をとられないよう、借名預金は必ず相続財産に計上しましょう。

3 税務調査官はどこを見るのか

では、税務調査官は何を根拠に「借名預金」と認定するのでしょうか？

税務署はどこを見るのか？

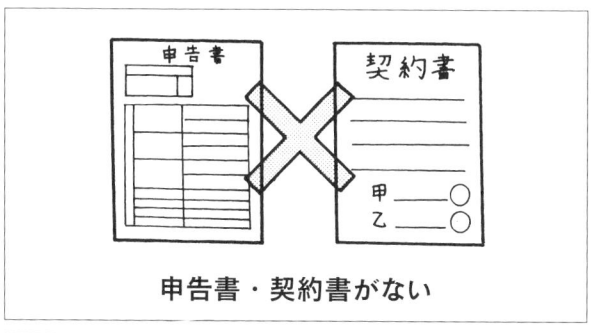

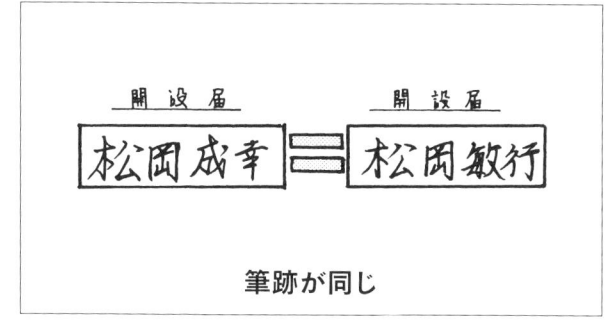

印鑑が同じ

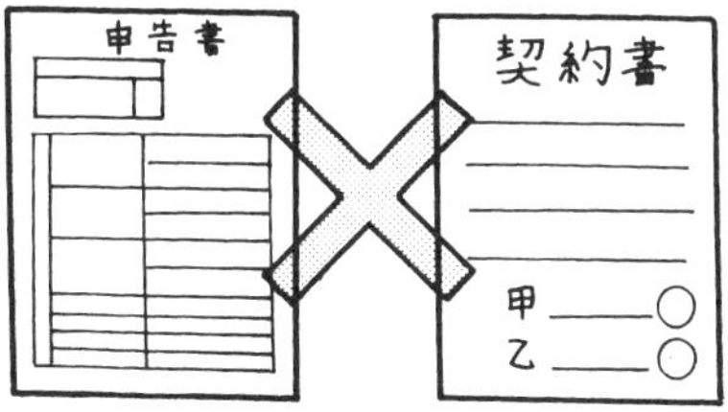

申告書・契約書がない

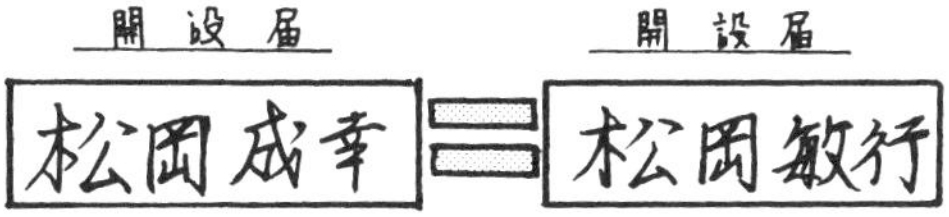

筆跡が同じ

【印　鑑】　被相続人の印鑑と相続人の印鑑が同じだと、「借名預金」とされる可能性があります。
今でこそ、本人確認が厳しくなりましたが、昔は銀行員が「ついでにご家族の口座もどうですか？」と勧誘することも多く「あら、そう」と同じ印鑑、同じ筆跡で口座開設するケースがたくさんありました。
印鑑が同じだと、実際の管理運用は被相続人がしていたとみなされ、名義は形だけの「借名預金」と言われる一因となります。

【贈与申告】【契約書】　贈与税の申告書や契約書がないと、「借名預金」と言われる可能性が一気に高まります。
申告書や契約書は、贈与の強力な意思表示です。本当に贈与しているなら、しっかりとアピールしておきましょう。

【筆　跡】　口座開設用紙や振込用紙の筆跡、残っていますよ。
お父さんの字で口座が開設され、お父さんの字で預金の移動が行われているのに、「贈与してもらっています！」と言えますか？
筆跡を見れば、誰が管理運用していたかは明らかです。

このように、印鑑、贈与申告や契約書の有無、筆跡などから、この預金は被相続人により管理運用されていたため、相続人が自由にできる状態とは言えず、名義は形だけの**「借名預金だ」**という結論になります。

4 税務調査に打ち勝て！「借名預金」防衛策

では、どのようにしておけば「借名預金」と言われずに済むのでしょうか。

調査に打ち勝つ３つのポイント

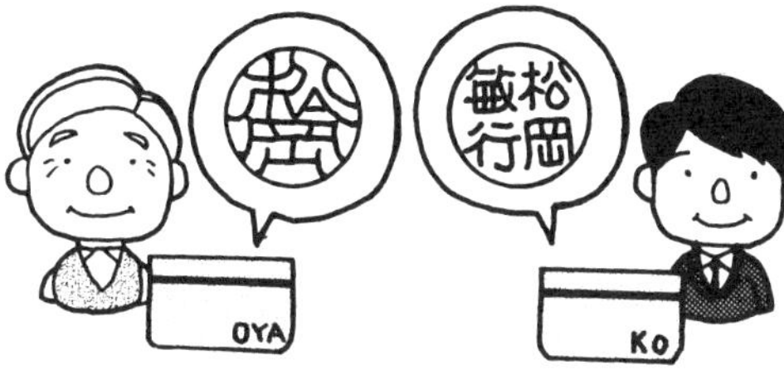

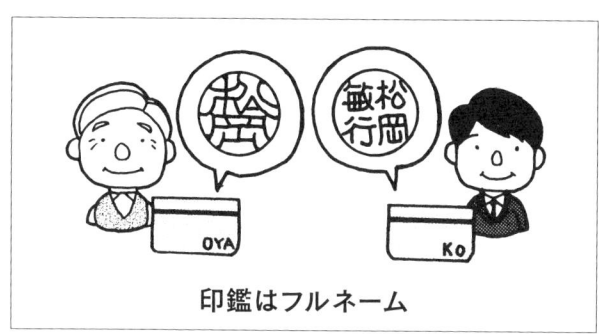

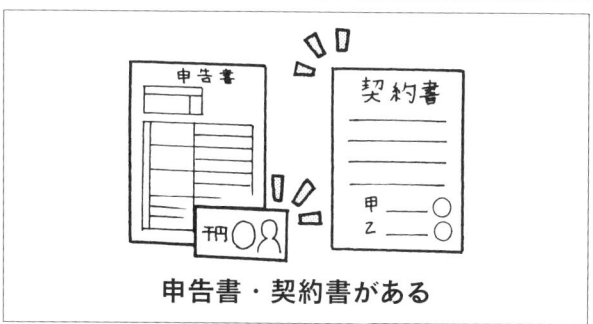

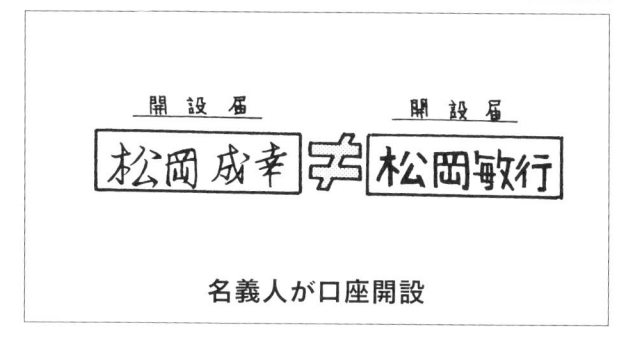

印鑑はフルネーム

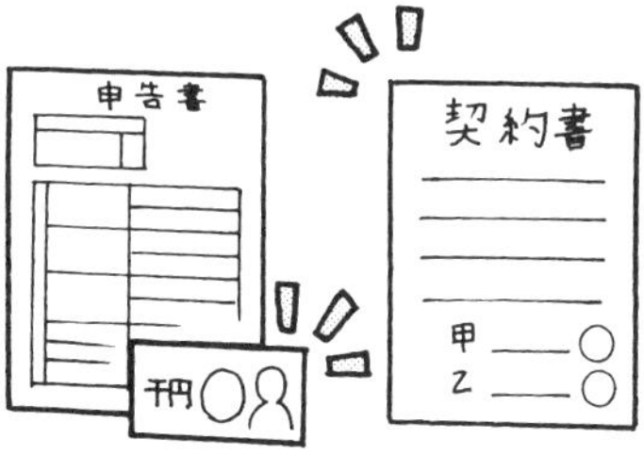

申告書・契約書がある

名義人が口座開設

【印　鑑】「印鑑はフルネーム」
普通、銀行印は苗字のみですよね。それを、実印のようにフルネームのものにしましょう。そうすれば、本人が管理運用していたことを証明できますし、「この銀行の印鑑どれだったっけ？」がなくなります。

【贈与申告】【契約書】「1,000円でいいので贈与税を払いましょう」
よく聞く話ですが、これは本当です。
111万円贈与したら、贈与税申告と1,000円の贈与税が必要です。
やはり税務署も、贈与税の申告までしているのに贈与を否認するのは難しいものです。
ボクシングに例えると、印鑑がジャブなら贈与税申告は右ストレート。面倒くさがらずに贈与税申告をして、税務調査に打ち勝ちましょう。
また、未成年への贈与は、贈与税申告だけでは不十分です。契約書も併せて用意しておきましょう。

【筆　跡】預金口座の開設、振込、引出しなどは必ず名義人が行いましょう。
最近はATMで振り込んだり引き出したりするケースも多いと思いますが、監視カメラの映像を税務調査で見られることもありますので、自作自演はやめましょう。

以上のことを踏まえ、私が顧問先にお勧めしているのは**「贈与税の申告書への自署押印」**です。

最近は、贈与税の申告書をパソコンで打ち出すことも多いと思いますが、その受贈者の氏名欄は本人に書いてもらいましょう。

押印はフルネームの銀行印。

「これでもか！」というくらい贈与の成立要件をアピールしてちょうどいいのです。

その贈与で将来、何十万、何百万円も相続税を節税するのですから。

5 最近の税務調査の傾向と分析

税務調査が入る確率は、遺産総額に比例して高くなります。1,000万円の申告漏れ財産を見つけても、10%の税率の方の相続税申告では**100万円**の相続税しか徴収できませんが、55%の税率の方の相続税申告では、同じ1,000万円でも**550万円**徴収できるため、税率の高い相続税申告に調査に入ったほうが効率的だからです。

最近、「資産家包囲網」と言っていい制度が矢継ぎ早に創設されました。

- **有価証券を1億円以上有する者が海外に転出する場合、一旦譲渡所得を精算する「出国税」創設（平成27年7月より）**
- **財産3億円以上又は有価証券1億円以上を有する場合、「財産債務調書」の提出が義務化（平成28年より）**
- **税務調査の通知が来てから調査の日までに行われた修正申告については5％の加算税（平成29年より）**
- **マイナンバーの預金口座への義務化（予定、平成33年より）**

調査体制も強化され、国税局は超資産家を徹底マークするスペシャルチームを結成、はっきりと**「取れるところから取る！」**という意思表示をしています。
資産家の方は、税務調査に耐えうる相続税対策と申告が求められます。

6 相続税の調査を受けないために —税務調査けん制策—

相続税の税務調査は、全体の申告件数の約30%と言われていますが、私個人は、過去手がけた申告件数に対し３%も税務調査を受けていません。
税務調査を受けにくい相続税申告には、コツがあります。
最後に、相続税の税務調査を受けないための相続税申告書の作成ポイントについて、解説したいと思います。

① 大きな支出は理由を説明する

調査官は、調査の選定段階で預金の履歴を必ず確認します。そんなとき、2,000万円の出金を見つけたら、どうでしょう……。
私は過去に、「平成○年○月○日の出金2,000万円は、夫婦で世界一周旅行に行った際の出金である」として、明細を付けて出したことがあります。
その申告は相続財産20億円規模でしたが、調査はありませんでした。調査官に疑いを持たれないようにしておくことが大切です。

② 家族名義の預金や株についてはリストを添付する

すでに解説したとおり、借名預金や借名株式は調査官最大の関心事です。
そのため、事前に借名預金に該当するものと該当しないものを振り分け、そのリストをつけておけば、わざわざ来てもらう必要はなくなります。

③ 財産評価の根拠資料は徹底的に添付する

財産評価、特に土地の評価は相続税に大きな影響を及ぼし、税額で数千万円変わることも珍しくありません。

しかし、税務調査でその評価が否認されては意味がありませんので、なぜ、そのような評価になるのか、根拠資料をこれでもかというくらい付けます。

場合によっては、所轄の税務署へ事前確認に行くこともありますし、元国税審理専門官の税理士の方へ検算をお願いすることもあります。

要するに、税務調査官が気になる情報を前もって開示しておくことで、税務調査はけん制できます。

納税者にとって税務調査は非常にストレスを感じさせるものですから、防げる調査は未然に防ぎましょう。

Column

¥¥¥

有名脱税事件にみる税務調査の実態

「段ボール箱に58億円▷28億円の脱税事件」

平成20年に大阪市生野区で起きた史上最大額の脱税事件、いまだに覚えておられる方も多いのではないでしょうか。

どこにでもあるような民家のガレージから総額58億円が入った段ボール箱が大量にみつかり、世間を驚かせました。

その一部はガレージの湿気で腐っていたというのですが、**「腐るほどお金がある」**という冗談は本当だったのですね。

この事件では、会社経営者であった父が病気になってから、相続人が数年間にわたり、現金をこまめ（？）に引き出していたということです。しかし、税務署は職権で被相続人はもちろん、家族名義の預金口座の履歴を確認できますので、預金を現金化して相続税を脱税するのは、**「お釈迦様の掌の上で孫悟空がいたずらするようなもの」**。

58億円も引き出しておいてバレないと思っていたとすると、その神経も史上最大級なのかもしれません。

「鳩山首相、毎月1,500万円もの贈与を無申告」

平成21年に世間を騒がせた当時の現役首相の脱税事件、毎月1,500万円もの資金を母親から受け取っていたにもかかわらず**「知らなかった」**という一言が、国民の怒りに火をつけたのではないでしょうか。

すでに記載した通り、「知らなかった」となれば「贈与」には該当しませんので、母親からの資金提供は「貸付金」と

¥¥¥

なり贈与税は課せられません。
　ただ、借用書もなく、返済の形跡もなかったため、後日、首相本人が「贈与」を認め贈与税を納税しました。
　この事件、贈与があった７年間のうち２年間は時効により贈与課税できず、贈与税が還付されています。
　それなら「貸付金」として相続の際「相続税」を課税したほうが国税的には良かったのかもしれません。
　鳩山家の場合、贈与でも相続でも最高税率なのですから。

　ところで脱税のニュースが毎年のように世間を騒がせますが、あのばつの悪そうな納税者の映像には課税庁のアナウンス効果もあります。
　「悪いことをしたらこうなるぞ」という見せしめが少なからず納税意識に影響（貢献）しているのは間違いのない事実でしょう。

第9章

円満な相続を実現する 家族のための 信託と遺言

どれほど財産を遺したとしても、家族が争っては意味がありません。家族が争わないためにできる限りのことはしたいもの。その新たな選択肢として、今「家族型信託」が注目を集めています。

1 「もしものとき」に備えていますか？

みなさん、健康保険証の裏に「意思表示欄」があるのをご存知ですか？

脳死になったときなどに、臓器提供するかどうかを意思表示するものです。私自身も「もしものとき」は臓器提供する意思を表示しています。

その「もしものとき」は来るかどうかはわかりません。

けれども、もしもの時には意思表示すらできないから……元気なうちに意思表示をしているのです。

では、みなさん「認知症」になったときの意思表示はしていますか？
認知症は高齢者の４人に１人はかかる病気と言われています。

しかし、「もし私が認知症になったら……」という意思表示をされている方はほとんどいません。

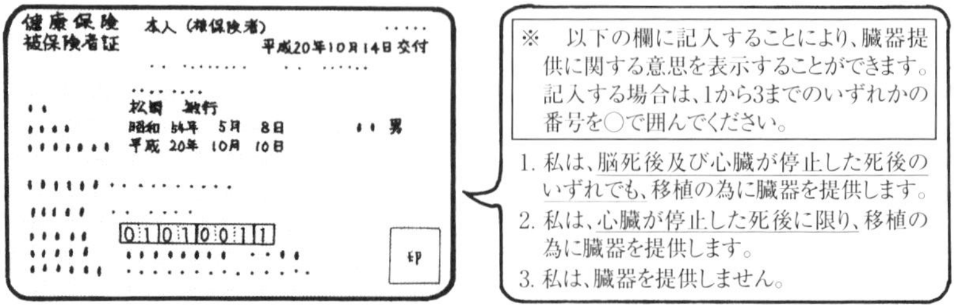

もしもの時の意思表示、してますか？

2 成年後見制度

認知症になり、正しい判断ができなくなったときに財産の管理等をしてもらう手段として**「任意後見制度」**があります。

「本人」が信頼できる人（家族や司法書士など）と公証人役場で契約し、もし認知症になったら、その後見人に財産の管理等をお願いする制度です。

後見人が財産の管理等を適切にしているかは、家庭裁判所が監督します。

しかし、自分が認知症になった時を想定して事前にきっちりと準備される方はほとんどいません。

多くの場合、「認知症になった方の家族」が家庭裁判所に申し立てて「後見人」を選任してもらう**「法定後見制度」**を利用しています。

法定後見制度では、裁判所が後見人を選定します。

そして、その後見人が財産の管理等を適切にしているかは家庭裁判所が監督します。

後見制度の目的は「本人の財産の保全」

このように、認知症になる前には**「任意後見制度」**が、認知症になってしまった後は**「法定後見制度」**がありますが、その目的は共に**「本人の財産の保全」**です。

「認知症になった方の財産を守る」

というのが後見人の役割なのです。

ですから、「本人のため」に財産は使えても、**「家族のため」**には使えません。

たとえ本人が元気なころ、それを望んでいたとしても……。

3 「家族のための信託」という新しい選択肢

母　「もし私が認知症になったら、この家を建て替えてみんなと一緒に住みたいわ。そのための費用に、私の財産を使ってほしいの……」

息子　「わかった、もしそうなったら母さんの思いどうりにするよ」

この思いを実現することは、後見制度では難しいかもしれません。家族と一緒に住む家を建てる行為が「本人の財産を保全」することである、という家庭裁判所の許可が必要だからです。

ところでみなさん、「家族のための信託」（以下、「家族型信託」）という言葉をご存知ですか？　元気なうちに、信頼できる家族に財産の管理・運用等の権利を「信じて」「託す」制度です。

この家族型信託なら、お母さんの思いを実現することができます。
具体的には－

① 母と息子の間で「もし認知症になったら、母の財産を使って、この家を みんなで一緒に住む家に建て替える」という信託契約をし、不動産や預金といった財産の所有権を息子に移転します。

この時、不動産には、その信託内容がきちんと登記されます。

② 母が認知症になったら、息子は母の財産で実家を建て替えることができます。

通常、財産の所有権が移ると「贈与税」が発生しますが、家族型信託の場合、原則として**贈与税はかかりません。**

この点が家族型信託の最大のポイントで、家族型信託では、信託財産の権利を—

- **管理、運用、処分する権限（信頼して第三者に所有権を託すこと、以下、本章では「所有権」という）と—**
- **運用、処分で利益を得る権利（受益権）**

家族型信託なら本人の意思を実現できる

に分離し、財産を管理、運用、処分する権限（所有権）が息子に移っても、その運用や処分による利益（受益権）は、お母さんに残すことができるのです。

贈与税は、受益権が移った時に課税されます。

ですから、受益権をお母さんに残しておけば、原則として贈与税の課税対象にはなりません（ただし、相続の際はお母さんの相続財産として課税されます）。

あくまで財産の管理、運用、処分をする権限だけを息子さんに移すのです。

この**「所有権と受益権を分離することができる」**というのが家族型信託の画期的な特徴です。

このように、家族型信託を使えば、「信」じて「託」した相手に所有権が移る（＝名義が変わる）ので、わずらわしい家庭裁判所の手続きを経ることなく、お母さんの願ったとおりの財産の管理や運用などが可能になります。

4 高齢化社会に合った新しい資産運用のカタチ

私はこの「家族型信託」が、これからの資産運用の新しい形になるのではないかと考えています。

—もし、認知症になったら—
・同居している長女の家族が幸せに暮らせるよう支援したい…
・実家を資産活用して、自分は子どもと同居したい…
・孫が将来医者になったら何か手助けをしてあげたい…

※　ただし、本人のため以外の目的で財産が使用された場合は贈与税がかかる可能性があります。

このような思いを実現するためには、「家族型信託」という手段は有効な手法といえます。

繰り返しになりますが、後見制度の目的は「本人の財産の保全」ですから、その目的に反する行為については、家庭裁判所の許可は下りないのです。たとえ元気なうちに本人が望んでいたことであったとしても……。

私に「もしも」があったらこのようにしてほしい。

そのもしもは来ないかもしれません（それが一番幸せなことですが)。しかし、そのもしもがあった時に自分の思いが100%生かせるようなカタチにしておく。

その手段が「家族型信託」なのです。

※　なお、上記のようなケースで具体的な信託運用を予定される場合は、ケースによっては贈与税が発生する可能性もありますので、士業などの専門家にご相談ください。

5 家族型信託と遺言

相続が発生したら、このように遺産分けしてほしい—

自分の思いを伝える有効な手段として、「遺言」があげられます。

平成26年の公正証書遺言の作成件数はついに10万件を超え、遺言を作成する人は年々増えています。

最近は「終活」や「エンディングノート」がブームとなり、日本人の「相続」に対する考え方が変わってきたなぁ～と感じています。

10年前は、相続の話をすると「俺の死んだ後のことなんか知らん！」と一蹴されることも多かったのですが……。

遺言には、自筆証書遺言と公正証書遺言があります。

自筆証書遺言は、自筆で書いた遺言を封筒に入れ、自分で保管する遺言。

公正証書遺言は、公証人に遺言を作成してもらい公証人役場等で保管する遺言です。

どちらも効力は同じですが、信頼性が担保され、確実に実行されるという安心感が公正証書遺言にはあります。

特に、同居している親族がいる場合や、特定の人に財産を多く残したいという場合には、公正証書遺言のほうがいいでしょう。自筆証書遺言だと、後で「無理矢理書かせただろ！」というような話になりかねないからです。

公正証書遺言を書くには、それなりの手間と費用がかかります。しかし、遺言のおかげで家族が争わずに済むなら、万金の価値があるのではないでしょうか。

遺言は相続争いを防ぐ大変有効な手段です。
実は、家族型信託には「遺言」と同じ機能を持たせることができます。

この不動産は長男に管理運用等を託す。そして、相続が発生した場合、長男がこの不動産を取得するものとする。

そのような信託財産の承継内容を、家族型信託で設定することができるからです。
今までは、生前の財産管理は「後見制度」、相続後の財産承継は「遺言」と、全く別の手段が必要でした。
それが「家族型信託」を使えば、財産の管理・運用・承継が一貫してできるようになります。

6 家族型信託の注意点

いいことばかり書きましたが、家族型信託の最大の問題点は、**「家族型信託を実際にしたことがある専門家が非常に少ない」**ことです。
家族型信託は、平成19年の信託法の改正により誕生したまだ新しい法律による制度です。
最近はセミナー等を通じて徐々に知名度が上がってきましたが、まだまだ知らない人も多く、実際に家族型信託を利用した人も、それを支える専門家もまだ少数です。
しかし、家族型信託にしかできないことがあるのもまた事実……。
円満な相続対策の一つの手法として、選択肢の一つとして持っておくことが大切だと考えています。

7 思いを遺すためにー

この本で「家族型信託」について紹介させてもらったのは、相続対策で最も大切なのは**「家族への思い」**だと感じているからです。

相続で引き継ぐのは財産だけではありません。**その人の思いも引き継いでいきます。**

日々相続のご相談に乗っていて、その人の思いが生きるカタチをまず考える。節税はその結果としてついてくるもの、と考えるようになりました。

一人として同じ人間がいないのと同じく、思いもまた人それぞれです。

相続対策のプロとして、その思いに応えるために、選択肢をできるだけ多く持つことが大切。

「家族型信託」は、その人の思いを実現するための一つの選択肢なのです。

Column

円満相続の秘訣とは

「え！？　遺言を書いてなかったの？」

アメリカやヨーロッパでは、相続の時、遺言がないと遺族はこう言って驚くでしょう。

欧米では、半数以上の人が遺言書を作成しているとも言われます。

日本でも、最近は遺言書の作成が増えてきましたが、まだ数パーセント。

誰もが残された家族に争ってほしくないと思っているのに、そのために具体的な行動をされる方は、ごくわずかです。

以前、弟が亡くなっていることを母親の相続の時まで知らなかった方もいらっしゃいました。

父親の相続でもめて以来、兄弟は音信不通だったのです―

「どんなに多くの財産を遺しても、親族が争っては意味がない」

数多くの相続に関わってきて、そう思うようになりました。

今まで数百件の相続対策を実施してきて、気づいたことがあります。

それは、人は目に見える財産だけを相続するのではないということ。

その人の「心」もまた相続するのです。

お父さんの遺影を持って世界中を旅された方がいらっしゃいました―

生前、長い病床生活の末亡くなられたお父さんが行きたいと言っていた場所をすべて巡られたそうです。とても幸せなお父さんだなぁと感じました。

教育や考え方、その人の思い、心もまた、とても大切な相続財産なのですね。

第10章

自分に合った相続対策で実現する
上手な財産の遺し方

これまで相続にまつわる様々なテーマを取り上げてきましたが、最終章では改めて「自分に合った相続対策」とはどのように見つけていくのか、具体的な事例を踏まえて再検討していきたいと思います。この章を読み終わった時に、あなたが「相続対策」の第一歩を踏み出していただけるように願っています。

1 相続対策の思考回路

将来発生する相続税は１億円以上になります

え！？　そんなに……
土地を売るしかないのかしら……

山田さんの場合、財産のほとんどが不動産ですから、納税資金の問題がありますね。先祖代々の土地を売る前に、不動産活用も選択肢の一つですよ

この歳で不動産活用なんて……

そうですね……。ただ、何もしない場合の納税リスクが１億円以上あるのも事実。納税リスクと不動産活用のリスクを比較して、最小のリスクで最大の節税ができる方法がないか、一緒に検討してみましょう

一言で相続対策と言っても、「どのようにしていけばいいのかわからない」という声をよくお聞きします。

相続対策には３つのステップがあります。

① **将来の相続税発生予想額を把握する。**
② **相続財産に応じた相続対策を考える。**
③ **実行する。**

以下、詳しく見ていきましょう。

① 将来の相続税発生予想額を把握する

相続税対策ですから、将来の相続税を把握しなければ、ゴールがどこかわからないのに走り始めるのと同じです。

まずは今、相続が起こったと仮定した場合、どの程度の相続税が発生しそうなのかを把握しましょう。

この「相続税」ですが、夫婦の場合、夫婦合計の相続税額を把握します。

お父さんの相続が先だと仮定すると、お父さんの相続の時、お母さんが「どのような財産を」「どの程度」相続するかは相続税に最も影響を与える重要な要素。

この「どのような財産を」「どの程度」相続するかには、一定のルールがあります。

➢ お母さんは「どのような財産を」相続すべきか

お母さんが取得すべき財産は、「現預金」と「家屋」を中心に構成しましょう。

「現預金」は今後の生活費として必要ですし、最も相続対策がしやすい財産だからです。

また「家屋」は時の経過とともに評価が下がっていく財産なので、自然に節税が可能です。

それでもお母さんが取得すべき割合に満たなければ、将来、特定の子どもに相続させたい財産をその子どもと共有にしておきます。

例えば、長男に引き継がせたい土地を長男とお母さんで半分ずつ共有にしておけば、お母さんの相続の際、次男や長女がその土地をほしがるリスクを軽減できます。

お母さんが「どの程度」財産を相続すべきかについては、以下の通りです。

➢ お母さんは「どの程度」財産を相続すべきか

１次相続で配偶者は法定相続分（他の相続人が子どものみなら２分の１）または１億6,000万円まで相続財産を取得しても相続税が免税されますが、この配偶者軽減を最大限利用するとむしろ増税になるケースが多々あります。

２次相続の際は配偶者軽減の適用がありませんし、相続人の数も１人減っているので税率が高くなるからです。

配偶者の年齢、健康状態にもよるので一概に言えませんが、１次相続でお母さんがお父さんの財産を100%・50%・25%取得した場合、２次相続で相続税がどの程度発生するのか綿密にシミュレーションすることで、２次相続も含めた「正確な納税リスク」が把握できるのです。

② 相続財産に応じた相続対策を考える

相続税の発生予想額が把握できれば、次に相続財産に応じた相続対策を考えていきます。

相続対策の難易度は、「相続税の発生予想額」と「相続財産の内容」によって大きく変わってきます。

相続対策の難易度

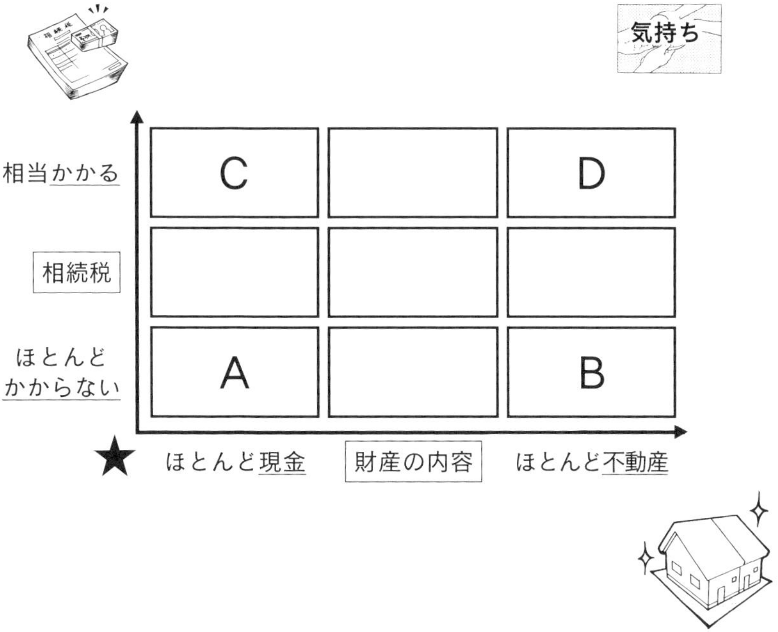

上の図は、相続対策の難易度をマトリックス表にあらわしたものです。

A……ほとんど相続税は発生せず、財産の内容もほとんどが現預金の人。この場合は生前贈与等の対策で相続対策は完了し、難易度は最もやさしいと言えます。

B……ほとんど相続税は発生せず、財産の内容は不動産がほとんど、このような方は将来必要なリフォームを生前に済ませておくなどの対策を考えましょう。

C……相続税がかなり発生するものの、財産はほとんど現預金。このような方は、現預金の対策と同時に不動産等の優遇資産へのシフトも検討する必要があります。

D……問題はこの方です。相続税がかなり発生する上に、財産の内容もほとんどが不動産である場合、不動産活用を借入によって行うなど、リスクを取らなければ相続税の大幅な節税はできません。

あなたはどのゾーンでしたか？

まずはマトリックス表で自分にはどのような相続対策が必要なのか、おおまかなイメージをつかんでください。

次は各財産別に相続対策について考えます。

ここでは**「現預金」**と**「不動産」**の相続対策をピックアップします。

➢ 現預金の相続対策

現預金の対策の王道は、やはり「暦年贈与」。

暦年贈与は「何年間」「誰に」「どの程度」贈与していくかが非常に大事なポイントです。

90歳を過ぎて現預金が１億円以上ある方が、毎年非課税（110万円）の範囲で贈与していたのでは遅すぎます。

暦年贈与計画は、以下の手順で考えます。

１．相続人の年齢、体調等から**「何年」**贈与できるか考える
２．**「誰に」**対して贈与するのか考える
３．将来の相続税率から**「いくら」**贈与するのか考える

例えば「10年」かけて「子や孫10人」に「毎年500万円」贈与すると仮定すると、５億円の現預金が贈与でき、それに対する贈与税は4,850万円です。

５億円を贈与することで相続税を２億円節税できるとすれば、そのペースは適正と言えるでしょう。

（算式）10年×10人×500万円＝５億円
５億円に対する**贈与税4,850万円**＜５億円に対する**相続税２億円**

相続人の年齢や体調等からそれほど「時間がない」と思われる場合や、贈与できる「相手が少ない」場合などは、贈与する「金額を増やす」必要があるでしょう。

現預金は最も対策のしやすい財産です。無税、もしくは低い税率で、あらかじめ次世代に移転しておきましょう。

暦年贈与は時間的猶予があればあるほど贈与税負担も少なくなるため、「長生き」が最良の相続対策かもしれませんね。

暦年贈与の3要素

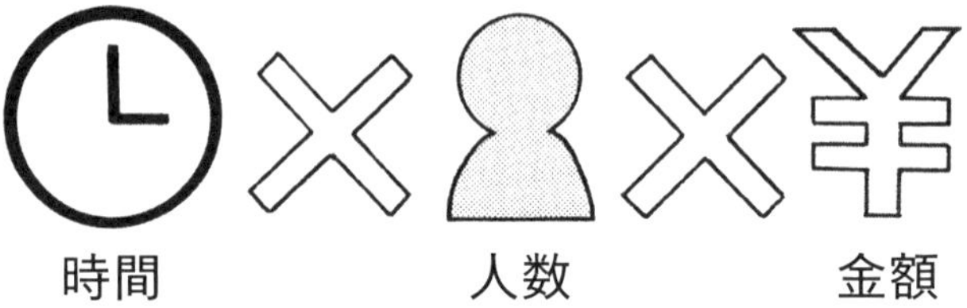

➢　**不動産の相続対策**

相続対策の難易度は、不動産割合に比例して高くなっていきます。

不動産を使った対策は、当然リスクを伴いますから、慎重に判断すべきです。

一方、財産のほとんどが不動産の方は、不動産対策以外、相続税を劇的に下げる方法はありません。

例えば、借り入れして賃貸不動産を建築すれば、相続税が節税できるのは誰でもわかります。

問題は、その借り入れをして建築した不動産を、相続後に経営していくのは「相続人」だという点です。

その意味で、相続後も安定した不動産経営を実現してこそ、「本当の意味で」相続対策として成功したと言えるでしょう。

ですから、不動産対策には相続税の節税効果だけではなく「不動産経営」という視点も重要です。

そこで私が提案しているのが「節税後利回り」という考え方。

まず、「投資額」からその投資により「節税できる相続税額」を差し引きます。

その「節税後の投資額」で表面利回りが何%で回るのかを計算するのです。

$$\frac{\text{年間家賃収入}}{\text{投資額}-\text{節税額}}$$

この算式で10%を超えるようなら、不動産投資のリスクは極めて低いと考えられます。

10%ということは、10年間の家賃収入合計が「投資額－節税額」とイコールになるということです（下記例でいうと、700万円×10年＝1億円－3,000万円）。

（例）

$$\frac{\text{年間家賃収入 700 万円}}{\text{投資額1億円}-\text{節税額 3,000 万円}} = 10\%$$

ある大手不動産管理会社の統計では、10年間の空室率は５％以下と言われており、最初の10年間は空室リスクがほとんどありません。

相続税の節税は確実にできるわけですから、投資額から節税効果を差し引いた金額を10年で回収できれば、リスクはかなり少ないと言えます。

もちろん実質は固定資産税や所得税等のランニングコストが発生しますし、借り入れをした場合、利益は借り入れの返済に回るので、キャッシュとしてはそれほど残らないかもしれません。

しかし、相続の際、節税できた分は確実にキャッシュが残るわけですから、**相続税の節税により残った財産が、投資による利益の塊である**という考え方もできます。

いずれにしても、節税後の表面利回りが10%というのはかなり厳しい数字なので、理想としてはこれくらいを目指すつもりで不動産投資について考えれば、リスクを最小限にして最大限財産を残すことができるのではないでしょうか。

ところで、この10%という高い目標をクリアできる可能性のある方には、3つの要素があります。

まず　**「節税効果の高い人」**
次に　**「土地を持っている人」**
最後に**「現預金を持っている人」**

「節税効果の高い人」は、同じ1億円の投資でも節税できる金額が違います。
最高税率の方なら数千万円は確実に節税効果でキャッシュバックされるわけですから、投資効率が断然違うと言えるでしょう。

次に**「土地を持っている人」**は、土地を購入する必要がないわけですから、投資額が大幅に抑えられます。

これは活用できる土地がない人と比べると大きな差となります。

最後に**「現預金を持っている人」**は、借り入れをする必要がありません。マイナス金利で固定金利が１％という時代でも、１億円なら年間利息100万円。初期投資で現預金をある程度入れられる人は、やはり有利です。

あなたの場合はいかがでしょうか？

同じ投資でも、「節税後利回り」は人によって全く違ってきます。

不動産投資によるリスクは人によって異なるのです。

この投資リスクと、何もしないことによる納税リスクを天秤にかけ、どちらのリスクをとるかという視点で、不動産活用による節税について考えてみてはいかがでしょうか。

節税後利回りが高くなる人

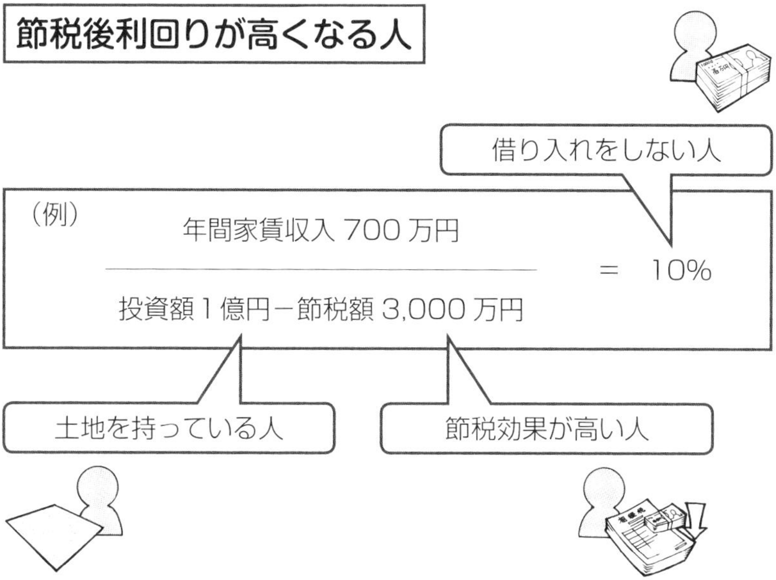

③ 実行する

これが一番大事です。

どれほど有効な相続対策も、実行しなくては意味がありません。

もちろん人間ですから、どれほど論理的に正しくても、心理的に抵抗のある対策もあろうかと思います。

ただ、時間は有限です。何もしないリスクがあるのも事実。

まずはできることから始めていくのが、相続対策の第一歩となります。

2 相続対策実例

ここで、私が実際に行った相続対策の実例を見ていただこうと思います。

(相談経緯)

平成28年３月20日、山田花子様（仮名・70歳）が相談に来られました。花子様は５年前にご主人を亡くされたのですが、花子様ご自身も資産家の娘であり、かなりの財産があったため、ご主人の相続財産はすべて同居する長女に相続させました。

ところがその長女が、未婚のまま早世されてしまったのです。未婚の子が親より早く亡くなってしまった場合、その相続人は親となります。

花子様は、長女に相続させた財産を思いもよらず相続することとなったのですが、その際、１億円を超す相続税を納めなければならず、相続対策の重要性に気付いたといいます。

「今度こそ相続対策に真剣に取り組みたい」と、息子さんと一緒に相談に来られました。

(提案内容)

実際に花子様に相続があった場合の相続税の申告書を作成すると、花子様には**約２億3,242万円の相続税**が発生することがわかりました。

財産総額は約７億7,400万円。そのほとんどを**４億2,000万円の現預金と３億1,300万円の土地**が占めています。

これらの財産について、個別にどのような対策が必要か考えました。

現預金に関しては、親族８人に対して贈与する。

不動産に関しては、お持ちの土地はすでに活用済みであったため、息子さんが探されてきた某有名私立大学近くの土地に学生向けアパートを建築した場合、どのように相続税が変化するのか計算しました。

以下、実際の提案書です―

山田花子様（仮名）　相続税額シミュレーション

平成28年4月18日

松岡会計事務所　税理士　松岡敏行

この度は相続税額シミュレーションをご依頼いただき誠にありがとうございます。
私は過去500件以上の相続税の節税アドバイスを行ってまいりましたが、現実を変えるためには以下の順序があります。

Ⅰ　将来の相続税発生予想額を把握する
Ⅱ　相続対策を考える
Ⅲ　実行する

Ⅰ　将来の相続税発生予想額を把握する

今回は山田花子様の相続税額をシミュレーションした結果、現行法で相続税額は

約2億3,242万円となりました。

Ⅱ　相続対策を考える

山田様の相続財産に占める各財産の割合は以下の通りとなります。

現金預金	420,000,000円	55%
土地	313,327,104円	41%
家屋	31,734,700円	3%
有価証券	4,828,847円	0.5%
その他	4,239,290円	0.5%
合計	774,129,941円	100%

現預金を贈与により移転するのはもちろんのこと、遺産の40%以上を占める土地を活用するか、新たな不動産投資をするしか相続税を劇的に下げる方法はありません。
不動産投資にはリスクも当然伴いますので、節税効果とリスクを比較し、最大限の財産を次世代に引き継げるよう考えていく必要があるでしょう。

①　現預金の贈与

山田様の相続財産の特徴は4億2,000万円の現預金です。相続税の限界税率（一番上にかかる税率）は45%ですので、このまま相続までこの現預金を保有されていると最高で45%の税率がかかってしまいます。
現預金の贈与は以下の算式で行うのが基本ですので、非課税の範囲ではなく、ある程度税金を払ってでも生前贈与の速度を速めたほうがいいでしょう。

（算式）

贈与税の税率＜相続税の税率

山田様の場合、子や孫、場合によっては子供の奥さんも含め、計 8 人に対して 500 万円ずつ 10 年間で 4 億円、生前贈与を実行した場合、支払う贈与税と相続税の差額は以下のようになります。

10 年間で支払う贈与税 3,970 万円＜節税できる相続税 1 億 5,475 万円

② 不動産投資

（1）建築による節税効果

土地を購入し、収益物件を建築した場合の節税効果は以下の通りです。

	資金	相続税評価額
土地	170,000,000 円	108,800,000 円
建物	169,560,000 円	59,000,000 円
その他	9,680,000 円	0 円
合計	349,240,000 円	167,800,000 円
合計圧縮額		−181,440,000 円

	遺産総額	相続税額
対策前	733,367,000 円	232,426,800 円
対策後	551,927,000 円	137,770,000 円
節税効果		**−94,656,800 円**

（2）資金計画

現預金は前述したとおり、暦年贈与で簡単に相続対策できるため残しておいておかれたほうがいいと思います。現在はマイナス金利の影響もあり金利も低いため建築資金は借入によられるほうがいいと思います。

Ⅲ　まとめ

10 年計画で①現預金の贈与と②の不動産投資を実行すれば 2 億 3,242 万円の相続税は2,000万円以下になります。①の対策では贈与税が約 4,000 万円発生しますから、実質的な税負担は6,000 万円程度になりますが、資産の規模、対策できる時間、不動産投資によるリスク等を考えるとこれぐらいの税負担は仕方ないと思います。

言い換えると、何もしないと 2 億円以上発生する納税リスクを最小限に抑えるためにある程度のリスクは取るべきだと言えるでしょう。

（結果）

山田花子様の相続税は、現預金の親族への贈与と不動産投資により、**２億3,242万円から6,000万円以下まで軽減できる**ことがわかりました。

結果的に、贈与対象者に「息子の奥さんまで入れるのはちょっと……」ということで贈与する人数は６人に減りましたが、現在は相続対策として１回目の贈与を行い、不動産建築もすでに着工しています。

この例はあくまで山田花子様の場合ですが、ご自身の相続対策を考えられる場合も**「どういった行動によりどういった効果があるのか」**具体的に計算し、納税リスクと比較して実行する。その慎重さと行動力が必要と言えます。

３ 最後に

最終章では、「上手な財産の遺し方」と題して、具体的な相続対策について書いてきました。私はこれまで数多くの相続相談に乗ってきましたが、一つとして同じ内容の相談はありませんでした。

一人として同じ人間がいないのと同じく、一つとして同じ相続対策もないのです。

あなたにぴったりと合った相続対策は、誰ともかぶることのない、あなたのオリジナルであるはずです。

この本では、あなたにぴったりと合った相続対策を見つけていただくために、マイナンバーや空き家問題といった時代の流れから、家族信託といった新しい相続の形まで、多岐に渡り選択肢を提示してきました。

その中から自分の気持ちにフィットする対策を一つひとつ選択し、実行していくことで、上手に財産を遺すことができると信じています。

もしあなたに合った相続対策の新たな選択肢を提案できたとしたら、苦労してこの本を書き上げた甲斐があったと心から嬉しく思います。

世界に一つだけの相続対策

Column

¥¥

そもそも相続税って何？

アメリカの相続税の基礎控除額はご存知ですか？

「6.3億円（543万ドル）です」

諸外国で相続税がある国はむしろ少数で、オーストラリア、中国、ロシアなど多くの国には相続税がなく、シンガポールや香港でも最近相続税を廃止。世界的に相続税が縮小傾向にある中、日本は相続税を増税しました。

一方、日本の資産が海外に逃げないように富裕層に対する監視は日増しに強まっています。相続税の増税後に「出国税」や「財産債務調書」が創設され、マイナンバー法が施行されたのも偶然ではないでしょう。

日本の税収は大部分が資産家頼みなので、資産家自体に海外に行かれたら元も子もありません。それでも世界の流れに逆行して資産家への課税を強化し、監視を強める背景には日本人の強い「愛国心」があるのではないでしょうか。

今の日本の法律で相続税や贈与税の課税を完全に逃れようと思えば、親子ともども日本国籍を捨て、5年以上海外に住まなければなりません。そうなったらもう外国人と同じです。

¥¥

数多くの相続相談に乗ってきましたが「日本の相続税が高いから家族みんなで外国人になろう！」という人は一人もいませんでした。

それはやはり日本がいい国だからだと思います。

「だからといって資産家ばかり課税が強化され、世界的に低いと言われる消費税の増税は延期されるのは不公平だ！」という声もよく聞かれます。相続税は富の集中を防ぎ、所得を再分配するための税金です。このまま資産家への課税が強化され続ければ「1億総中流階級」の時代が来るのでしょうか。

私が税金をもらうわけでもないですが、相続税に不満爆発の相談者に「松下幸之助さんの時代の相続税率は70%だったのですよ」と慰めてもあまり効果はありません。

相続税の課税が強化される一方、国は贈与税を緩和するなど相続対策は推奨しています。矛盾しているように思いますが、日本では金融資産のほとんどを高齢者が保有しています。あまりお金を使わない高齢者から消費意欲旺盛な若い世代にお金を流して、「今」景気を刺激したいという政治的な思惑がそこにはあります。教育資金の一括贈与などはその典型でしょう。

「相続税を強化し、相続対策を推奨する」

この傾向は今後も続きそうです。相続対策をする上では鮮度の高い情報を常に仕入れることも大事だと言えますね。

■著者プロフィール

税理士　松岡 敏行

過去にマンガ家を目指していたこともあり、日本で初めて税理士自らマンガを描いた『マンガ 突然の相続』（清文社）を出版。

相続対策の重要性を早期に訴え、独自の対策を提案することで定評がある。
500件を超える相談件数に裏打ちされた話は、マンガを使いわかりやすいと話題になり、全国7000人以上の前でセミナー講師を務め、５大新聞（日経・読売・朝日・毎日・産経）すべてで特集されるなど話題を集めている。

マンガとイラストでよくわかる

一度《いちど》は考《かんが》えていただきたい相続対策《そうぞくたいさく》

2016年11月15日　初版発行
2017年４月10日　第２刷発行

著　者　松岡《まつおか》 敏行《としゆき》 ©

発行者　小泉　定裕

発行所　株式会社 清文社
東京都千代田区内神田1－6－6（MIF ビル）
〒101-0047　電話03(6273)7946　FAX03(3518)0299
大阪市北区天神橋２丁目北2－6（大和南森町ビル）
〒530-0041　電話06(6135)4050　FAX06(6135)4059
URL http://www.skattsei.co.jp/

印刷：奥村印刷㈱

■本書の内容に関するお問い合わせは編集部までFAX（03-3518-8864）でお願いします。

ISBN978-4-433-62336-4